PRのススメ

小さな会社こそ、社長が広報をしよう

プレイブ株式会社 代表取締役
阿部重郎

自由国民社

はじめに――「PR」って「宣伝?」「アピール?」どういうこと?

本書を手に取っていただき、ありがとうございます。

「PR」って、「宣伝」のことだと思いますよね?

「30秒でPRして下さい!」などと日常では使っていますもんね。

本書で言う「PR」とは、ズバリ「マスコミに情報提供をして、お金を支払わずに無料で記事や番組で取り上げてもらう」ことです。

この「PR」を私たちプロは「パブリシティ」と呼んでいます。

確かに「宣伝」する手法の一つではあるのですが、広告のようにメディアに費用を支払ってスペースを購入するものではありません。

そのPR（パブリシティ）の実践的なノウハウを、私自身の経験をもとに深掘りして1冊にまとめたものが本書です。

「そんなことって、本当にできるの？」って思いますよね。

それができるんです。

大学時代、広告代理店に入社したかった私は、「マスコミ電話帳」という本を購入し、片っ端から広告代理店に電話をかけて面接を受けていました。そんな中、「マスコミに情報提供をして、お金を支払わずに無料で取り上げてもらう」ことを専門にやっている会社に出会いました。

私は、「こんな面白い会社があるのか」とビックリし、絶対にその会社で働きたいと思いました。面接では、「まずはアルバイトでも良いので雇って下さい！」とお願いしました。応募者600人のうち採用されるのはわずか2名という厳しい選考でしたが、なんとかくぐりぬけ、無事に採用してもらうことができました。

広告業界では「マスコミに情報提供をして、お金を支払わずに無料で取り上げてもらう」ことを専業にしている会社をPR会社と呼んでいます。

私は、新卒で当時業界3位だった株式会社オズマピーアールに入社し、その後、当時業界2位だった共同ピーアール株式会社に転職してPR会社に計約12年間勤務しました。その後、独立して、現在はPR会社を経営しております。PR業界歴29年。就職してから「マスコミに情報提供をして、お金を支払わずに無料で取り上げてもらう」こと、すなわちPRをずっと行っております。

これまで500社以上のお客様と接してきましたが、どの会社の人も「モノやサービスを開発し、質を上げていくことも重要だが、それを知ってもらうための宣伝の方が数倍重要だ」とおっしゃいます。おそらく、本書を手に取ってくださった方は、事業を行っている人や宣伝担当の人など「何かを世の中に広めよう・知ってもらいたい」と思うことがある人だと思います。

広告は高いですよね。でもご安心ください。私がこれからお伝えするPRという手法は、ある条件を満たす必要がありますが、それさえ満たせば、広告費に置き換えて、1億円以上の価値を生み出すことも夢ではない方法です。PR業界歴29年の私がノウハウをたっぷりと、わかりやすく公開していきます。

CONTENTS

第4章 マスコミ訪問は、事前準備が9割

第5章 マスコミが欲しがるネタ3つの条件

第6章 ニュースネタをつくる裏ワザ4選……149

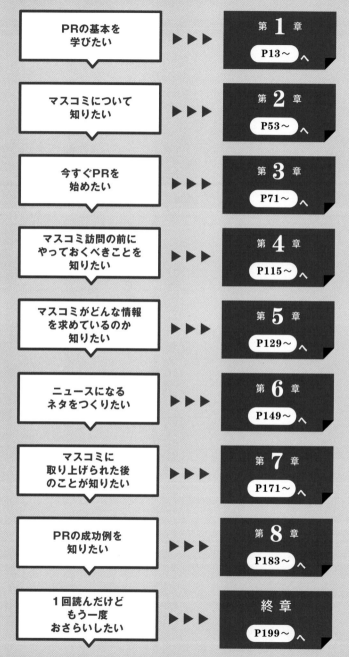

1

第1章

PRをはじめよう！

どんな業界でもＰＲの核は一緒！

私はこれまで、５００社、１０００プロジェクト以上の様々な業界の案件に関わってまいりました。その経験の中で言えることは「ＰＲの核は一緒である」ということです。

つまり、「マスコミに情報提供をして、お金を支払わずに無料で記事や番組で取り上げてもらう」ための仕組みはいつも一緒です。一番重要で、かつ、必ず必要なものは、マスコミに提供する情報「ニュースネタ」です。**ＰＲの核は、「ニュースネタ」を「マスコミ」に提供することです**。逆に言うと、ＰＲの弱点は、「ニュースネタ」がないと何もできないということになります。

では、「ニュースネタとは、いったい何なのか？」ということです。

ニュースネタは、文字通りニュースのネタなのですが、「ニュース」の意味を辞書で調べてみますと、「新しい（珍しい）出来事（についての知らせ）」と書いてありま す。ＰＲ業界で言う「ニュースネタ」もそのとおりなのですが、ＰＲ業界では、「マスコミが扱う可能性のあるニュースネタかどうか？」というところがポイントになります。

例えば、「うちの息子が犬に噛まれて、救急車で運ばれた」。これは、ニュースネタだと思いますか？　確かに家族や友達にとっては、「ビッグニュース」だと思います。しかし、マスコミには、扱われない気がします。

そうなのです。**「マスコミに扱われそうかどうか？」が大切なポイントで、扱われそうならニュースネタですし、扱われなさそうでしたらニュースネタではないと言えます。**

「人気アイドルが犬に噛まれて、救急車で運ばれた」。そうです、これは芸能ニュースになりそうですね。ですからニュースネタと言えます。

今では様々なマスコミがありますから、それらをよく見たり、読んだり、観察し、

「なぜこのニュースはマスコミで取り上げられたのか？」を考えることで「ニュースネタ」であるか、そうでないかを見分けることができるようになります。

「ニュースネタなんてない」という方もいるかもしれませんが、ご安心ください。後ほどご紹介しますが、ニュースネタをつくる方法はあります。

もしもニュースネタがあるのであれば、マスコミに情報提供すれば良いだけです。マスコミに電話すると、「できれば、その情報を紙で送ってくれますか？」と言われます。マスコミは情報を扱う仕事なので、正確性を重んじています。ですから、口頭ではなく、紙で情報を欲しがります。

PR業界では、ニュースネタを紙にまとめたものを「ニュースリリース」や「プレスリリース」と呼んでいます。

ちなみに、ある新聞記者が1日の朝日新聞、読売新聞、毎日新聞の記事の中で、プレスリリースに端を発する記事の割合を調べましたら、その割合は、なんと約8割とのことでした（『新聞・テレビは信頼を取り戻せるか』〔平凡社新書〕）。

そして、テレビのニュース番組には、1日に300〜500通のプレスリリースが届くそうです。

それだけ、**企業や自治体は、毎日、毎日、プレスリリースを書いて、マスコミに送っているのです**。ビックリしますよね。

「でも、そんなに毎日プレスリリースが届くなら、プレスリリースを書いてもマスコミに取り上げられないのでは？」と思った方もいるかもしれません。もちろん、プレスリリースを書いてマスコミに情報提供すれば、毎回、確実に取材されるわけではありません。

しかし、みなさんがスマホで毎日見ているであろうヤフーニュースだけでも、1日に約7500本もの記事が配信されています（2023年11月時点）。また、「内外切抜通信社」がメディアの変遷を調べるために2018年に行った調査では、約6000ものメディアが調査対象となっており、マスコミの数は非常に多いことが分かります。しかも、同調査によれば、2009年までは調査メディア数1500以下であったニュースサイトは、2018年には約4000に急増しています。

以前、ネットでニュースを見ていたら『鷲見玲奈「大胆な白のノースリーブシャツ」姿にファン歓喜！』という記事を見かけました。フリーアナウンサーの鷲見玲奈さんがご自身のインスタグラムにアップした写真のことを記事にしていたのです。インターネットが出現する前からこの仕事をしていた私としては、いくら鷲見さんが有名なタレントとはいえ、こんな細かいことまでニュースになる時代になったのかと驚きました。

マスコミには、業界新聞や業界雑誌というジャンルがあり、例えば、「日本農業新聞」やアートを扱う雑誌「美術手帖」など、普段、一般の人はあまり目にしない専門的なマスコミが数多く存在します。これらのマスコミも、ネットで記事を掲載しており、それらが転載されることで、一般の人々にも情報が伝わりやすくなりました。

インターネットの出現で、マスコミの数が多くなったので、単純にマスコミに取材してもらえる可能性は高まりました。そして、専門的な内容のニュースでも一般の人々に広まりやすくなりました。

社長を巻き込むことの大切さ

前の項目で「PRの核は一緒である」ということと、一番重要なことはマスコミに提供する情報である「ニュースネタ」で、PRの核とは「ニュースネタ」を「マスコミ」に提供することです、とお伝えしました。

具体的に「ニュースネタ」をマスコミに提供する方法についてご説明しますと、提供する方法には、メールやFAX、郵送、手渡しなどがあります。

これは経験的に言えることで数値化は難しいのですが、**「手渡し」すると、圧倒的にマスコミに取り上げてもらえる可能性が高くなります**。

記者や編集者、ディレクターやプロデューサーは、情報源に直接会うことで「ニュースネタ」の信ぴょう性が高くなると考えています。

また、マスコミの人も人間ですので、「情」という点からも取り上げてもらえる可能性が高くなってきます。

さらに、特に新聞社の記者に言えることなのですが、**企業のニュースネタは、広報や宣伝担当の人から話すよりも、社長から話す方が記事にしてもらいやすくなります。**

私たちが、ある企業の情報を「一般社員の人から説明してもらうよりも、その企業の社長から説明してもらった方が納得できる」のと一緒です。

ちなみに、マスコミに情報提供のアポイントを取る際も「弊社の社長からご説明させて頂きたい」と電話で伝えると、アポイントが取りやすいです。

もちろん、社長がニュースネタについてマスコミに説明しても、取り上げてもらえない場合はあります。マスコミから見てニュースネタが弱い場合です。

ただ、この場合、社長はマスコミに接して、記者の表情や態度などを自分の目で見ていますし、自分が説明したという納得感もありますので、取り上げられなかったこ

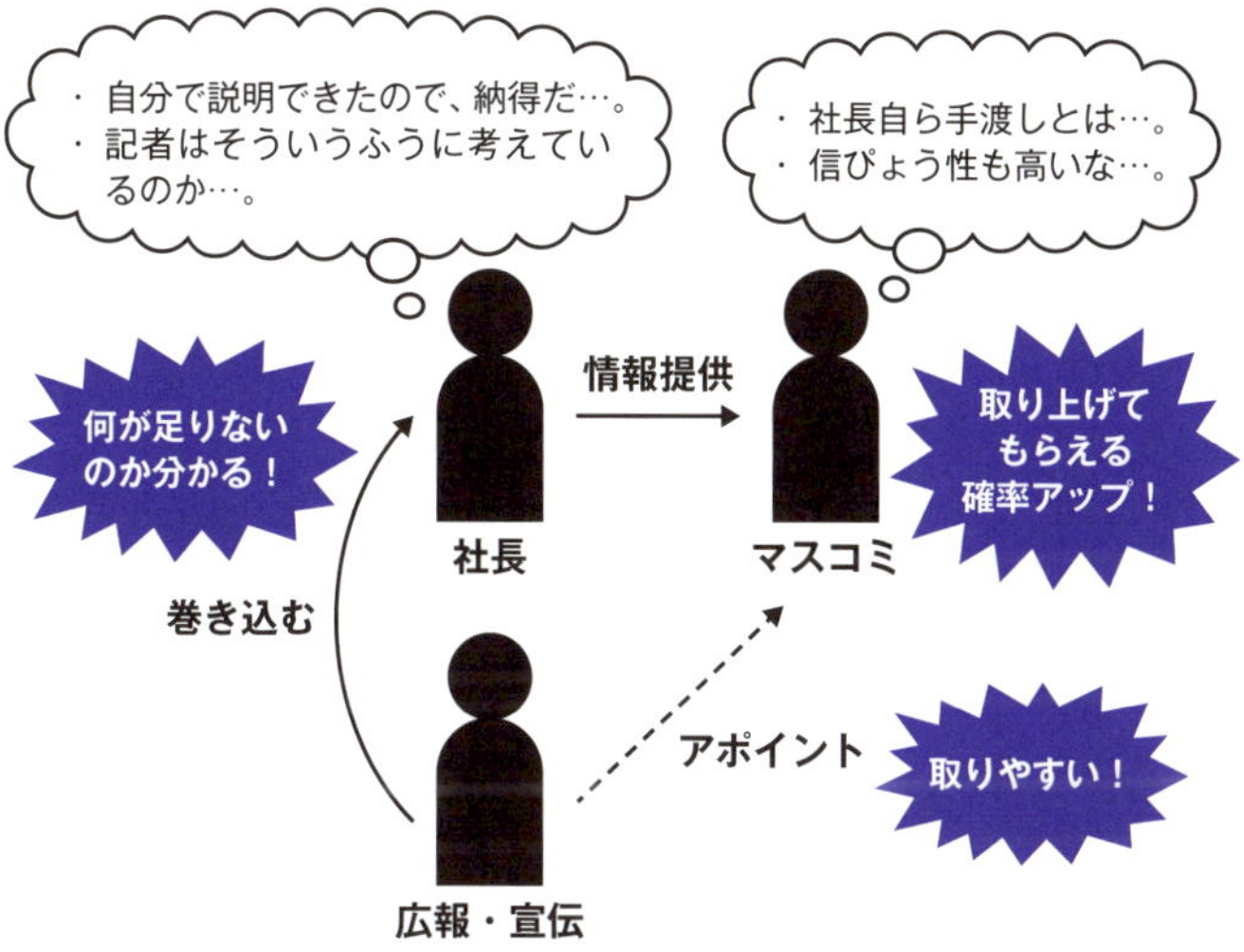

とを怒る社長は少ないです。

親切な記者・編集者は、その場で「ニュースネタとしてどのような要素が不足しているのか」を教えてくれることもあります。

なので、企業の宣伝や広報を担当する方は、**「このネタはぜひとも取り上げて欲しい」という時には、マスコミに説明を行ってもらうよう社長に働きかけることをオススメします。**

社長がＰＲすべき理由
―トップセールスでモノは売れない、モノを売るためにはＰＲが必要

近年、通信環境が良くなりスマートフォンが普及したため、モノやサービスを購入する前にウェブサイトで詳細やクチコミを調べるのが当たりまえになってきました。ＢｔｏＢの商品やサービスについても、企業のウェブサイトを訪問し、どんな企業でどんな社員がいて、どんな雰囲気の会社かを調べてから発注をするようになりました。

一方、新規顧客の獲得方法は、昔からあまり変わっていないという現実があります。例えば、ウェブサイトを見てもらい、そこから無料で資料をダウンロードしてもらう。その時にメールアドレスや電話番号を入力してもらう。それをもとにお客様に連絡して営業活動を行う、といったスタイルです。

現在でも、アポイントを取らずに突然企業を訪ねる「飛び込み営業」や、電話でア

ポイントを取ってから直接またはオンラインで面会する「テレアポ営業」などが行われておりますが、時間や労力、精神的な負担が大きいわりに、あまり成果が出ていないのではないでしょうか？

しかも、コロナによるオンライン会議やリモートワークの普及、人口減少やＡＩの発達により、人と人とが対面で接する機会が減少してきています。

こうなってくると、社長の人脈で仕事を獲得する「トップセールス」も難しくなってきています。そのため、顧客を獲得する方法を仕組みとして構築しないと、企業の成長には限りがあるように思います。

「マスコミに情報提供をして、お金を支払わずに無料で取り上げてもらう」ＰＲにおいては、広告枠ではなく記事内や番組内で取り上げてもらえるため、読者や視聴者の注目度が高く、マスコミが主体として情報を発信しますので、信頼性も高いです。

取り上げ方も、広告のイメージ的なものと違い、事実をわかりやすく読者・視聴者目線で伝えますので、商品やサービスの良さも具体的に伝わります。

記事内や番組内での扱われ方や取り上げてもらうタイミングについては、マスコミ側に主導権があるためコントロールすることはできないですが、**マスコミ側がニュース性を感じ面白いと判断すれば、いくつものマスコミで取り上げられる可能性もあります。**

・時間も労力もかかる
・精神的な負担も大きい

↓ なのに

成果が上がらない

・AIの発達
・リモートワークの普及

↓ なので

人脈だけでは限界

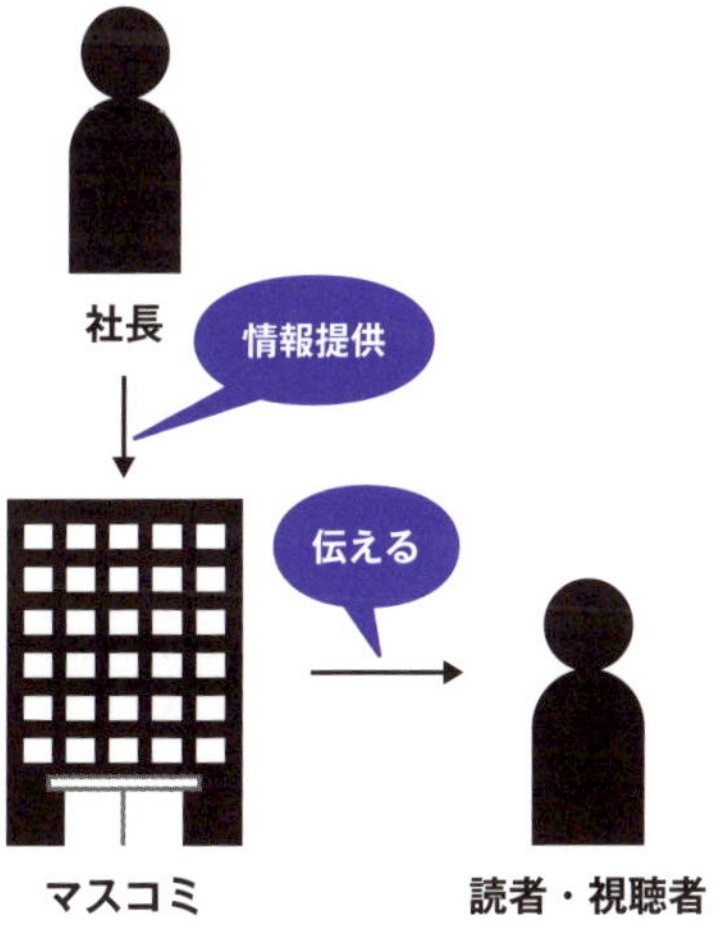

・無料でできる

↓ なのに

記事・番組内で取り上げてもらえるため、
注目度・信頼性が高い

＋ しかも

読者・視聴者目線で事実をわかりやすく伝えてくれるので、商品やサービスの魅力がきちんと伝わる

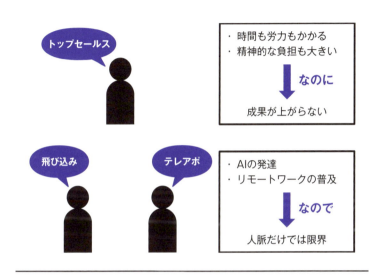

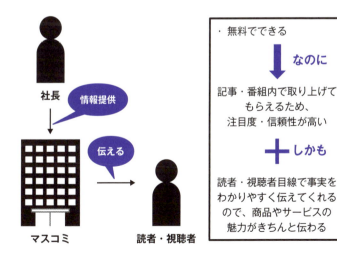

社長をどう巻き込むべきか？（PRのメリットをどう伝える？）

同じニュースネタでも、広報や宣伝担当の人から話すよりも、社長から話す方が記事にしてもらいやすくなる、ということを先ほどお伝えしました。

では、どうすれば、社長に動いてもらえるでしょうか？

まずは、PRとは「ニュースネタ」をマスコミに提供するだけのことで、無料でできる自由な情報提供活動であることを伝えましょう。

その上で、PRと広告の違いを次ページの図を用いて説明し、PRは広告よりも安く、読者・視聴者からの信頼度が高く効果的であることを伝えます。

その後、同じニュースでも社長から話すことで、マスコミに取り上げてもらう可能性が高くなることを説明します。

「PRと広告の違い」

	PR	広告
担当部門	編集局/報道局	広告局
掲載面	記事内/番組内	広告スペース
掲載選択権	マスコミ	広告出稿者
情報発信主体	マスコミ	広告出稿者
情報の特性	客観的	主観的
情報内容	事実	イメージ
情報のリピート性	△	○
内容の信頼度	○	△
自己主張度	△	○
費用	無料	高い

次ページの図は、筆者が考える「マスコミ露出の構成要素」を図で表現したものです。様々な要素が積み重なって、「紫の線を超えるとマスコミに露出する」イメージです。紫の線はニュース量を表現しており、例えば、テレビのニュース番組で考えますと、台風や地震、選挙や有名人の結婚などのニュースが入ってくれば、ニュース量の線が上に行くイメージです。構成要素は、全て目に見えないもので、数字で表すこともできず、感覚値的なものです。**構成要素で一番大きい要素は「ニュースネタのニュース性」で、マスコミに提供する情報のニュース性のことです。**

「マスコミ露出の構成要素」

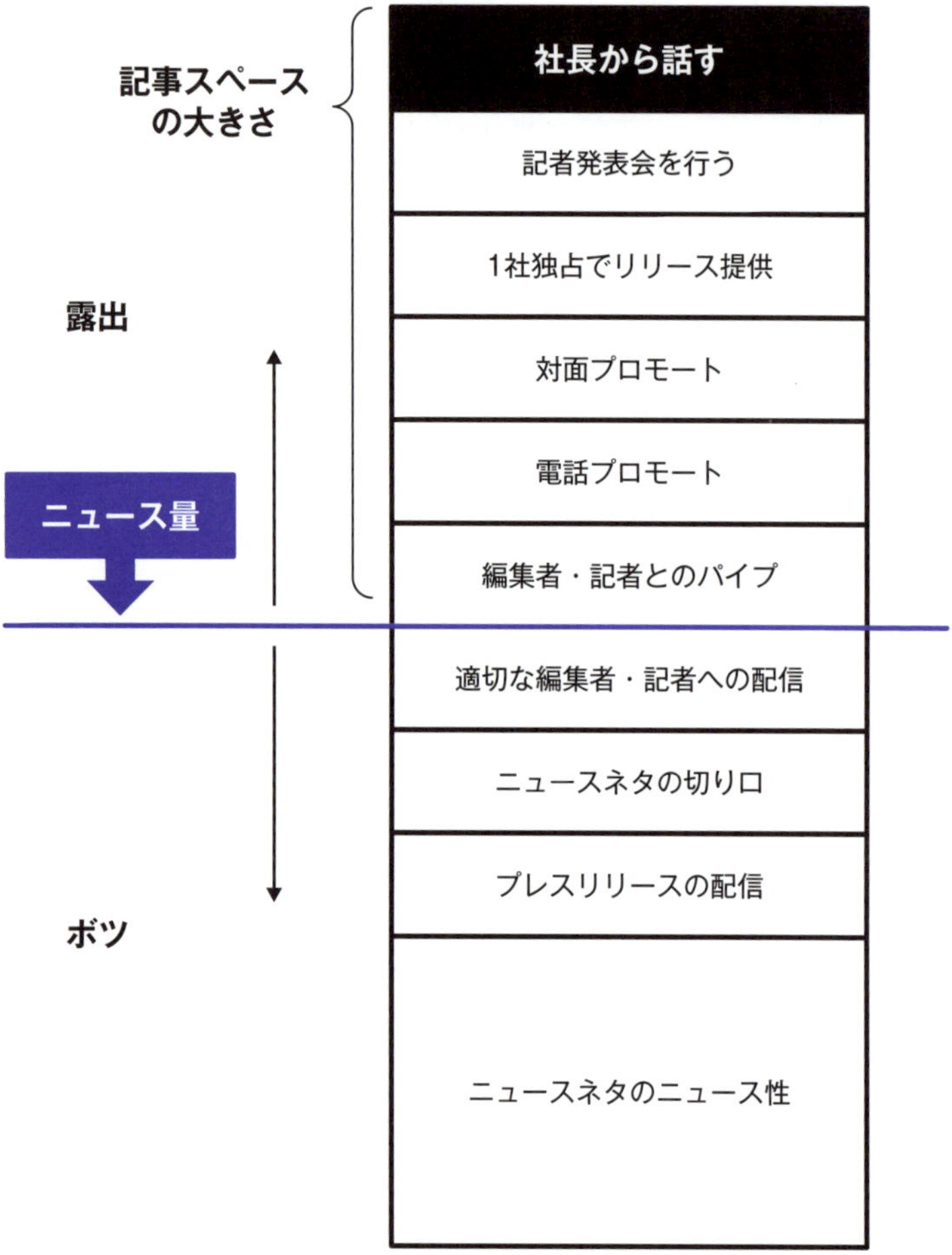

「プレスリリースの配信」は、それを文字にして紙にまとめ配信すること。「ニュースネタの切り口」は、プレスリリースがマスコミに刺さるように書かれていること。「適切な編集者・記者への配信」は、担当の記者や編集者、ディレクターやプロデューサーに届いていること。「編集者・記者とのパイプ」は、担当の記者や編集者とのつながりや信頼関係があること。

「電話プロモート」は、電話で説明をすること。

「対面プロモート」は、直接会って説明すること。

「1社独占でリリース提供」は、1社のマスコミだけに先にニュースネタの提供を行うこと。「記者発表会を行う」は文字通り記者発表会を行うことで、意欲や覚悟がプラスとなります。

「社長から話す」は、社長から記者や編集者に説明することです。

「PRと広告の違い」と「マスコミ露出の構成要素」の2つの図表を用い、社長から話すことの重要性を伝えて、社長を巻き込みましょう。

ニュースネタのニュース性について

ＰＲの核は「ニュースネタ」を「マスコミ」に提供することとお伝えしておりますが、ここではニュースネタについてもう少し掘り下げてお話ししていきます。

「ニュース」は「新しい（珍しい）出来事（についての知らせ）」のことで、その材料、種（タネ）のことをマスコミ業界で「ニュースネタ」と呼んでいます。

「ニュースネタ」は、マスコミに取り上げられるネタと、取り上げられない（ボツになる）ネタに分かれます。

マスコミに取り上げられているニュースは、テレビの放送枠や新聞・雑誌、ウェブの記事スペースの奪い合いの中で、勝ち残ったニュースネタと言えます。

紙の新聞は、ニュース性が高いと新聞社が考える順番に１面からニュースネタを紙面に並べたり、記事スペースの広さを決めたりしているので、「何番目か、どれくらいの広さで扱われているか」を見ることで、ニュース性の高さを知ることができます。なので、私は今でもiPadで紙面ビューアーを使い、紙の新聞のレイアウトで新聞記事を読んでいます。

ここでは、朝日新聞や読売新聞などの新聞社がどんなニュースを「ニュース性が高い」と考えているかを分析してみたいと思います。

▼「主体の規模」「主体の人気度」「主体の知名度」

まずは、ニュースの主語となる部分の「主体の規模」「人気度」「知名度」が要素の一つであると思います。「息子が犬に噛まれて救急車で運ばれた」ではニュースになりませんが、「首相が犬に噛まれて救急車で運ばれた」はニュースになります。

▼「一般性」

世間の多くの人が関心を持つか、広く影響をおよぼすネタかどうかということです。一部の人しか興味をもたなそうなことは取り上げられにくいです。

▼ **「新規性」**

ニュースは「新しい（珍しい）出来事（についての知らせ）」という意味ですが、まさに新しいこと、初めてのこと、日本初や東北初などは、ニュース性が高くなります。逆にすでに世の中に多くあること、広まっていることは、ネタにはなりません。

▼ **「トレンド性」**

世の中で流行していることと関連のあるネタは、多くの人が関心を持っているので、ニュース性が高いと言えます。例えば、コロナ禍でおうち時間が増えれば、おうち時間に絡んだネタは取り上げられやすくなります。

▼ **「季節性」**

マスコミは「なぜ今そのニュースネタを取り上げるのか？」、そのきっかけを欲しています。クリスマス、バレンタイン、梅雨、ゴールデンウィーク、帰省など季節性が絡むとその季節に取り上げられやすくなります。

▼「希少性」

ニュースの意味を辞書で調べますと「珍しい出来事」という意味が含まれています。東京タワーも、時折色が変わるとマスコミに取り上げられますが、もしも毎日色が変わっていたら、ニュースにならなくなります。

▼「意外性」

PR業界の有名なたとえで「犬が人を嚙んでもニュースにならないが、人が犬を嚙むとニュースになる」というものがあります。例えば、男性の排尿姿勢の調査で、実は座ってする「座りション派が約6割」であることが分かりました。このような意外性は、要素の一つとなります。

▼「公共性」

政治など、世の中の人が知っておくべき大切なことはマスコミの使命として、ニュース性が高くなります。もしかすると、関心が低い人も多いかもしれませんので「一般性」と分けました。

▼**「社会貢献性」**

文字通り、「社会に貢献している」という側面があるネタの方が取り上げられやすいです。

▼**「ストーリー性」**

挫折からの復活や、心温まる話・感動する話などです。

▼**「有識者のお墨付き」**

有識者や専門家のお墨付きがあると信ぴょう性が高くなり、ニュース性が高くなります。

▼**「国策への合致性」**

ジェンダーレス、働き方改革、二酸化炭素の削減など、その時々の政策に関する話題はニュース性が高くなります。

「ニュース性が高くなる要素」

映え（写真、映像）
国策への合致性
有識者のお墨付き
ストーリー性
社会貢献性
公共性
意外性
希少性
季節性
トレンド性
新規性
一般性
主体の規模
主体の人気度
主体の知名度

▼「映え（写真・映像）」

映える写真や映像があることは、非常に大切です。

これらの要素は、目に見えず数値で表すこともできないのですが、ニュースネタに含まれていればいるほど、マスコミに取り上げられる可能性は高くなると思います。ただし、マスコミごとにどの要素を重視しているかも違いますし、記者、編集者、一人ひとりによっても違ってきます。

「朝日新聞や読売新聞」と「スポーツ紙」で「ニュース性が高くなる要素」は一緒か？

大手企業などが行う、芸能人を起用した新ＣＭの発表会などで考えてみましょう。

新ＣＭですので「新規性」に当てはまるのですが、新ＣＭはよくある話ですのでニュース性が低いと判断され、朝日新聞や読売新聞では基本的には取り上げられません。

一方、スポーツ紙では、芸能人を起用した新ＣＭの発表会は芸能人のニュースとして取り上げられる可能性が高いです。

朝日新聞や読売新聞は、芸能人のネタをあまり扱わないのですが、スポーツ紙は扱います。

ちなみに、「住宅新報」などの業界紙でしたらどうでしょう？

基本的には、取り上げないと思います。

ただし、不動産会社の新ＣＭでしたら取り上げる可能性が高いです。

このように考えますと、「主体の知名度」「主体の人気度」「主体の規模」については、マスコミの傾向や特色によってニュース性の捉え方が違ってくると言えます。

朝日新聞や読売新聞では主体は「企業」で、スポーツ紙では「芸能人」です。住宅新報の場合は「企業」が主体ですが、「不動産業界」かどうかが重要となります。

それ以外のニュース性の要素はどうでしょうか？

ちなみに、芸能人を起用した新ＣＭ発表会のニュース性が高くなる要素は、例えばスポーツ紙だと、「芸能人の人気度」「出演者のトーク力」「出演者の話題性」「囲み取材の実施」「出演者の衣装」などです。

「芸能人の人気度」は「主体の人気度」と置き換えられます。「出演者のトーク力」と「出演者の話題性」「囲み取材の実施」は、出演者の新しい姿が見られる・話を聞けるという「新規性」と考えられ、「出演者の衣装」は「映え（写真、映像）」になると思います。

スポーツ紙や業界紙で「トレンド性」「季節性」「希少性」など一つひとつの要素を検証してみると、「ニュース性が高まる要素」は「主体」以外はあまり変わらないと思われます。

マスコミは「ニュース」と「コーナー」からできている？

私は、マスコミは（広告を除くと）「ニュース」と「コーナー」からできていると考えています。バラエティ番組やテレビドラマは、テレビ番組全体が「コーナー」と考えます。「コーナー」にはテーマが設定されていて、例えば「ロングセラー商品の秘密を探る」コーナーであったり、「失敗談」から学ぶコーナーであったりします。

それらは、「ニュース」ではなく「コーナー」ですので、「ニュース性が高くなる要素がなくても」、ロングセラーの商品や失敗談などコーナーに合った情報であれば、取り上げてもらえる可能性があります。

PRの核とは「ニュースネタ」を「マスコミ」に提供することで、ニュースネタとは何かをお伝えしてきましたが、**「コーナー」にとってのニュースネタは、そのコーナーに合う情報と考えてもらえたらと思います。**

社長がマスコミとつながると良い理由

▼社長がマスコミの露出を獲得すると、求心力が高まる

社長からニュースネタをマスコミに話し、実際にマスコミに取り上げられると、社内での社長の求心力が高まります。それが普段から社員が読んでいる自社業界の新聞や日経新聞などですと、より効果が高く、社員のモチベーションも上がります。

▼マスコミに年間3回取り上げられると、1億円の広告をしたのと同じ効果？

例えば、テレビ東京の経済番組「ワールドビジネスサテライト」の「トレンドたまご」という、企業の新商品を紹介するコーナーに取り上げられたとします。このコーナーは、22時30分頃に約3～5分くらい放送されるのですが、この時間に3分の広告を流したとしますと、（推計）約３８００万円の広告費がかかります。

ちなみに、朝7時のフジテレビ系列の全国ネットの番組に3分取り上げられた場合

でも、広告費に換算しますと、同じく約3800万円でした。

つまり、**PRを行って年に3回テレビで3分紹介されますと、1億円以上の広告を行ったのと同じ価値があります**。

▼マスコミもネタを探している—朝刊1紙で400字の原稿用紙500枚が毎日必要

例えば、読売新聞の朝刊1紙で何文字くらいの記事が書かれているかざっくりと計算してみました。まずは1ページを全部本文で埋めたら文字数は何文字になるのかを単純計算します。

読売新聞は1ページ12段あり、一行に入る文字を12文字、一段の行数を70行とします。これらを掛け算すると1ページの文字数は1万80文字になります。朝刊36ページとすると36万2880文字になります。

そのうち約45%を広告として、400字詰め原稿用紙に換算すると、**朝刊1紙で原稿用紙が約500枚も必要ということになります**。読売新聞の記者の数は2000人を超すそうですが、これほど多くのニュースネタが毎日必要なのであれば、それくら

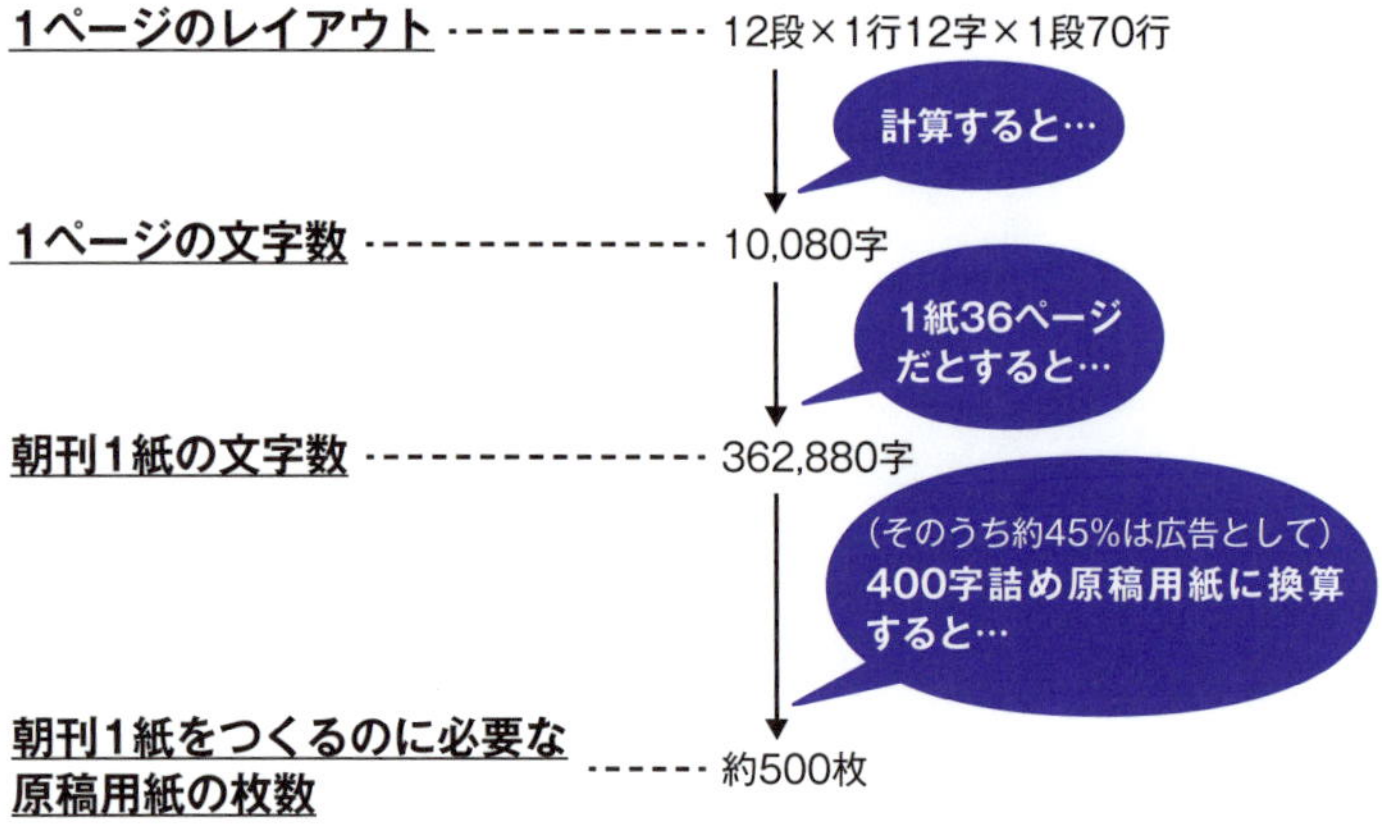

いいないと間に合わないでしょう。

先にも述べましたとおり、日本には多くのマスコミがあります。その中には、低温食品のニュースを扱う「冷食タイムス」や、不動産・住宅関連のニュースを取り上げる「住宅新報」など、専門的な業界に特化した業界新聞・業界雑誌というジャンルもあります。

このように、様々なメディアが、幅広いジャンルのニュースネタを必要としているのです。

マスコミに出る10のメリット

マスコミは、第三者として客観的に情報を伝えます。そのため、**マスコミに取り上げられる最大の利点は、何と言っても、提供した情報が説得力の高い信頼できる情報として受け止めてもらえることです**。具体的な効果を挙げてみます。

①販促効果

マスコミは、基本的には、多くの方が理解しやすいように、特徴を引き出し、噛み砕いてわかりやすく取り上げてくれます。そのため、取り上げられた商品やサービスは、知名度・売上ともに上がりやすいです。

②新規客の獲得効果

マスコミは、読者や視聴者が興味のあることを放送したり記事にしたいと考えており、読者や視聴者に情報が刺さりやすいので、新規客の獲得にもつながります。

③既存客のリピート効果

マスコミに取り上げられるとスゴそうに見えます。既存のお客様もより一層のお付き合いをしたい思い、購入頻度や金額が上がっていきます。

④価格交渉力の向上効果

マスコミに取り上げられることは、社会に認められた証で、人気があるようにも見えますので、価格交渉力が上がります。

⑤リクルーティング効果

マスコミに出ると、特色があって勢いのある良い会社に見えます。そのため、優秀な人材が集まってきます。

⑥広告費の削減効果

売上拡大と知名度向上の効果が期待できますので、広告費を削減することが可能です。

⑦金融機関からの信頼度向上効果

マスコミに取り上げられると、しっかりとした企業に見えますし、広報力の高い会社と評価され、融資を受けやすくなります。

⑧提携、協業機会の増加効果

会社や商品の特色がわかりやすく伝わりますので、他社との提携や協業の機会も増えます。

⑨協力会社からの社会的評価向上効果

御社の協力会社も、有名で立派な会社と付き合いたいと思っているので、マスコミに出ることで取引先からの評価が上がります。

⑩社内の活性化効果

自社がマスコミで取り上げられると、世間から認められたスゴイ会社で働いている気分になりますし、社員の家族も喜びます。

マスコミに出る10のメリット

①知名度・売上が上がる！

②顧客が増える！

③購入頻度や金額が上がる！

④価格交渉力が上がる！

⑤優秀な人材が集まる！

⑥広告費を削減できる！

⑦融資を受けやすくなる！

⑧事業提携の機会が増える！

⑨取引先からの評価が上がる！

⑩社員のやる気が上がる！

お金がなくても、アイデアさえあれば取材してもらえる

PRの核は「ニュースネタ」を「マスコミ」に提供することとお伝えしておりますが、**PRの最も面白くて楽しいところは、「ニュースネタ」さえあれば、お金がなくても無料で取材してもらえるところです**。そして、そのニュースネタは、アイデアさえあれば、つくることが可能です。

「ニュースネタのニュース性」についてお伝えした「要素」が含まれているかを考えながら、まずは世の中の優れたニュースネタのアイデアから分析してみましょう。

例えば、毎年12月に発表される「今年の漢字」。公益財団法人日本漢字能力検定協会が京都の清水寺で発表しており、毎年、新聞やテレビ、ネットニュースで多く見かける年末の風物詩となっています。

このニュースネタには、多くの人が関心を持つ「一般性」、今年の漢字が知れる「新

規性」、一年の終わりの時期に発表される「季節性」、過去の漢字からの流れを知れる「ストーリー性」、写真が映える「映え」が含まれていると思います。
今年の漢字にかかっている費用は0円ではないですが、その広告・宣伝効果の高さに鑑みると、掛かった費用の数十、数百倍の価値があると思います。

他にも、北海道の「層雲峡マウントビューホテル」が、抜け毛のないそり頭や丸刈りの短髪の利用客の宿泊料を500円安くする「ハゲ割」を行いました。これは、ホテルの従業員が「清掃のうち、浴槽や洗面台の排水溝にたまる抜け毛処理が一番手間がかかる」と雑談でぼやいたのを聞いたホテル運営会社の社長が発案したとのこと。「サービスにもますます励みます。」らしい……。このニュースネタには、これまでに聞いたことのない「新規性」、髪の毛のない人が安くなるという「意外性」、どうして開発したかという「ストーリー性」という要素が含まれていると感じました。

ブロードエンタープライズという大阪の会社は、体重が減ったら家賃も下がるという「ダイエットシェアハウス」を登場させました。入居者は、女性限定で3ヶ月ごとに体重を計測し、1キロ減るごとに家賃が千円下がり、逆に1キロ増えると千円上がるという仕組みで、上限と下限の家賃が設定されているものでした。このニュースネタにもこれまでに聞いたことがない「新規性」と、体重と家賃が連動するという「意外性」の要素を感じました。

会社を大きくしていくには、新商品・新サービスなどの新規事業が必要になってくると思います。どのような新規事業を始めるかを検討する際には、「ダイエットシェアハウス」のように、「ニュースネタにするためにはどうしたら良いか？」というPR視点で考えるのもアリだと思います。

▼ニュースネタの考え方

まずは、ニュースに触れることが重要だと思います。**全国紙と呼ばれる朝日新聞、読売新聞、毎日新聞、産経新聞と地方の方は、新潟日報、河北新報など地元の地方新聞と日本経済新聞、日経ＭＪの計３～４紙を紙面や紙面ビューワーで読むことをオススメします**。先ほども述べましたが、新聞の紙面は、一面から順番にニュース性の高いものを右上から並べてくれています。そして、ニュース性の高いものほど広いスペースで書かれています。このことを意識しつつ、**掲載されている記事にはどういう「ニュース性が高くなる要素」が含まれているかを考えながら読んでいくのが良いと**

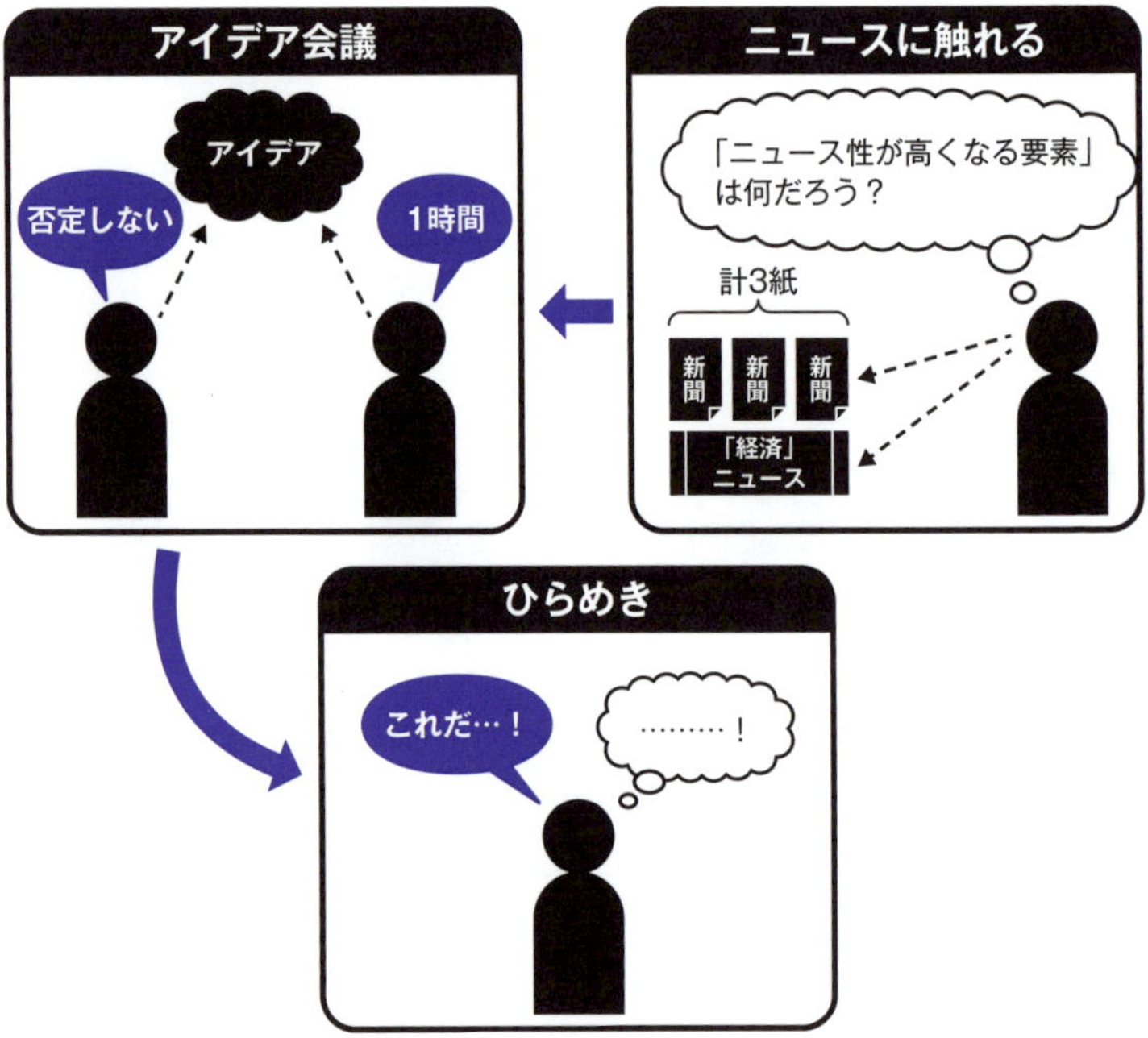

思います。

また、ヤフートピックスの「経済」のカテゴリに選ばれているニュースを読むのもためになると思います。新聞社や放送局、出版社で働いていた人が、ニュース性を考えたうえで選択し、トピックスに取り上げているからです。

自分なりに「面白いPR視点だ」と思うニュースに出会ったら、その記事をスクリーンショットするなどして、アイデアとして保存しておきます。

あとは、社内でアイデア会議を行います。

会議は「1時間くらい」と時間を決めて、出てきたアイデアは否定せずに、それを膨らませるようにしていきます。アイデアがあまり出ない時は、何度か繰り返します。

その後、シャワーを浴びている時や通勤の時になんとなく考えていると、無意識のうちに思考がまわりはじめ、ある時ふとアイデアがわいて出てきます。

▼マスコミに取り上げられるということはSNSでもバズる可能性大

マスコミは、第三者として、面白いと思ったことを読者や視聴者へ伝えています。見方を変えれば「マスコミによるクチコミ」で、マスコミが誰かに言いたいことは、一般の人にとっても誰かに言いたい情報になる可能性が高いと考えられます。

SNSが発達し、面白いことはどんどんクチコミで広がる世の中になりました。

マスコミに取り上げてもらうニュースネタとして考えたアイデアは、そのまま自らSNSで発信してもバズる可能性があります。イベントもキャンペーンも新規事業も、PR視点で考えていきましょう。

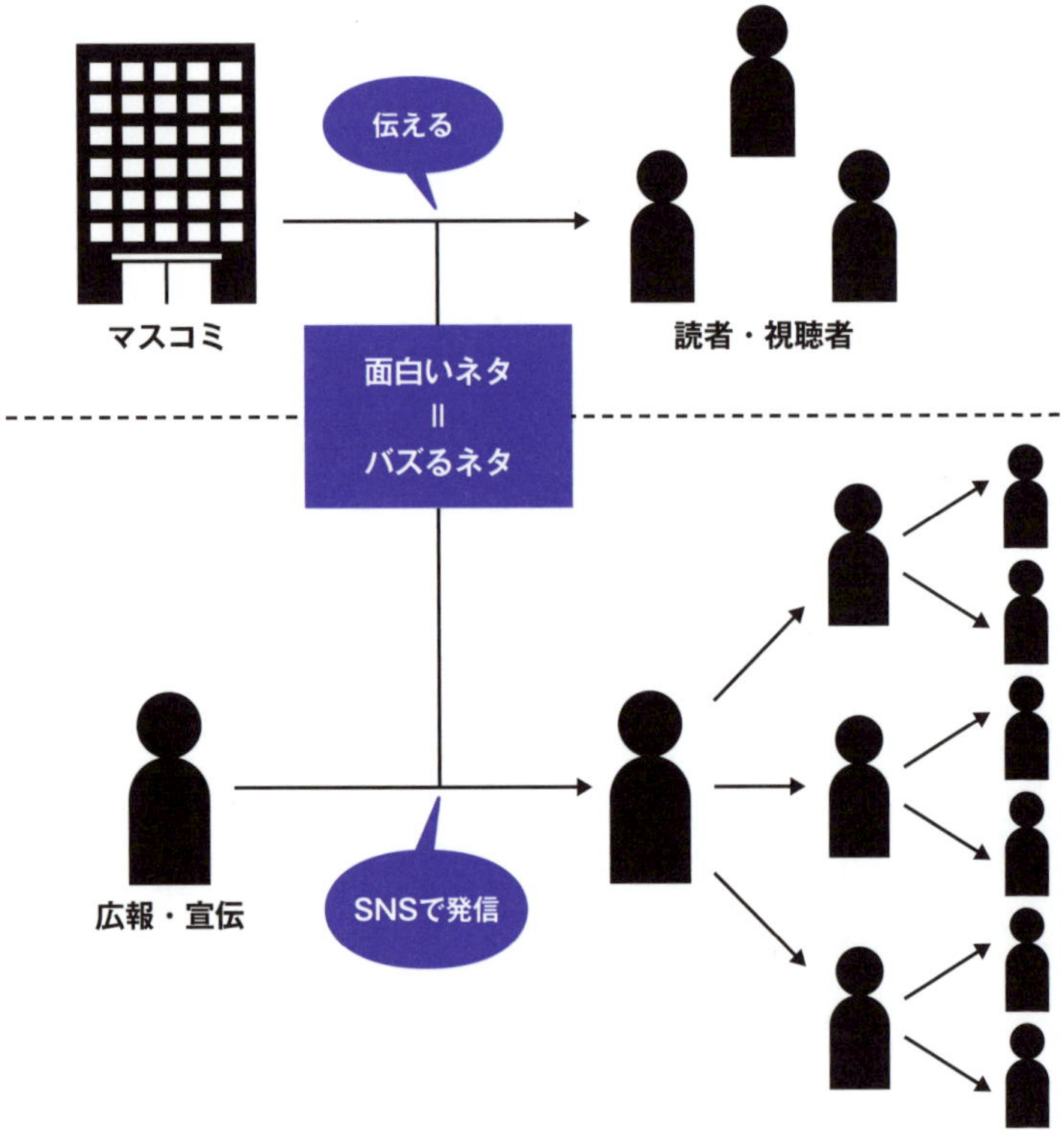

「面白い」ことはどんどんクチコミで広がる。

▼

マスコミに取り上げられるということは、
そのネタは「面白い」ということ。

▼

「面白い」ネタは、SNSで発信してもバズる可能性大！

第2章

中小企業のリリースの9割は日経の記者だけに先に渡せ

日経新聞は一番影響力のある経済マスコミ
日本経済新聞、日経ＭＪ、日経産業新聞　ＢｔｏＢネタも載る

日本経済新聞社は、日本にある経済マスコミの中で最も記者が多く、その数は約１５００名に上ります。

その他の経済マスコミの記者数は、朝日新聞、読売新聞、毎日新聞などの全国紙の経済部で１社につき30～40名。

テレビのキー局の経済部で10～20名。大手経済雑誌で30～１００名程。

ちなみに、朝刊の販売部数は、朝日新聞が約３７４万部、読売新聞が約６４２万部、毎日新聞が約１７８万部、産経新聞が約97万部、日本経済新聞が約１５８万部（ＡＢＣ協会調べ２０２３年１～６月平均）、日刊工業新聞が約34万部（公称部数２０２４年）です。

日本経済新聞社が保有するマスコミは、経済ネタ全般を扱う日本経済新聞、日経産業新聞、日経ＭＪと、主に金融業界のネタを扱う日経ヴェリタスとNIKKEI Financialの計5つあります。

朝日新聞・読売新聞・毎日新聞などの全国紙や共同通信社・時事通信社などの通信社では、通常ＢｔｏＢネタはほとんど取り上げませんが、日本経済新聞社は、詳しく取り上げます。

企業のプレスリリースのネタは、本社が東京都にある企業の場合は、日本経済新聞社の東京本社にある「ビジネス報道ユニット」という部署の記者がほぼほぼ担当します。地方の場合は、新潟支局、熊本支局など地元の記者が担当します。基本的には、本社所在地がある場所の記者が担当となります。

取材した記事は、ニュース性の高さや記事内容によって「日本経済新聞」か「日経産業新聞」か「日経ＭＪ」の3紙のどれかで取り上げられる可能性が高いです。

「日経産業新聞」や「日経ＭＪ」は、あまり馴染みのないマスコミかもしれませんが、日経以外の経済マスコミの担当者がそれらも隅々までチェックしており、テレビや経済雑誌、業界新聞の記者が「日経産業新聞」や「日経ＭＪ」を見て、取材を行う場合もあります。

これらのどれかに記事が載ると、信頼性が担保され、他のマスコミも安心して取り上げるようになります。

記者の数が多く、記事を取り上げるスペースも広い。そしてBtoBネタまでも幅広く取り上げる可能性があり、読者も多く、他のマスコミへの影響力もある経済マスコミ。それが日経です。

中小企業の社長は、特に日経新聞の記者と仲良くなることを目指そう

私は、企業のプレスリリースの９割は、日本経済新聞社の記者だけに先に渡すべきだと考えています。なぜなら、日経の記者も他の新聞よりも先に記事として取り上げたいと思っており、先にプレスリリースを渡すことで記事にしてもらえる可能性が高まるからです。

まだ世の中に出ていないニュースを他のマスコミよりも先に記事にすることを「抜き」と言い、逆に先に記事を書かれることを「抜かれ」と言います。経済マスコミの中でこの「抜き」「抜かれ」にこだわるのは、主に全国紙や通信社、経済産業紙、テレビ局、地元の地方紙です。

具体的には、朝日新聞、読売新聞、毎日新聞、産経新聞、共同通信社、時事通信社、日本経済新聞、日経ＭＪ、日経産業新聞、日刊工業新聞で、東京都なら東京新聞です。

地方の場合は、そこに新潟日報、河北新報などの地方紙が加わります。

プレスリリースのネタを世の中に発表する方法は、「1社だけに先に渡す」か、「一斉に渡す（配信する）」かのどちらかです。

「1社だけに先に渡す」方法のデメリットは、ニュース性の高いネタ以外は、「抜き」「抜かれ」にこだわる他のマスコミでは記事が書かれない可能性が高くなることです。記事になった後では、すでに世の中に知られている情報となりますので、「新規性」が低くなりニュース性が落ちるからです。

また、いつも日経にばかり先に情報を渡していると日経以外の「抜き」「抜かれ」にこだわるマスコミに嫉妬され、記事化してもらえなくなる可能性もあります。

「一斉に渡す（配信する）」方法のメリットは、同時にプレスリリースを渡すことになりますので、同日に複数のマスコミに取り上げてもらえる可能性があることです。

もっとも、「抜き」「抜かれ」にこだわるマスコミのうち、日刊工業新聞以外は経済面が狭く、ＢｔｏＢネタは取り上げてもらえないことが多いです。そのため、一斉に渡すかどうかにかかわらず、そもそも記事になる可能性が低いです。

「抜き」「抜かれ」にそれほどこだわらないマスコミもあります。業界紙や雑誌、ネット専門マスコミ、テレビなどです。

なぜ「抜き」「抜かれ」にそれほどこだわらないかと言いますと、それらのマスコミは、経済ネタに関しては「速報」で勝負しておらず「深掘り」で読者を獲得しようとしているからです。

日経で取り上げられた日にプレスリリースを渡せば取り上げてもらえる可能性があり、日経に先に取り上げられたことがマイナスになることは、ほとんどありません。

日刊工業新聞社と日本経済新聞社を比べると、企業のプレスリリースのネタが取り上げられる可能性があるのは、日刊工業新聞社では「日刊工業新聞」のみですが、日経では「日本経済新聞」「日経産業新聞」「日経ＭＪ」の３つがあります。

記事スペースの広さと影響力から考えても、日本経済新聞社に分があります。

これまでの経験上、中小企業のプレスリリースのネタで朝日新聞、読売新聞、毎日新聞に取り上げられそうなネタは、全体の1割もありません。

つまり、朝日新聞、読売新聞、毎日新聞などに取り上げられそうなネタでない場合は、日本経済新聞社の記者に先にプレスリリースを渡すことがベストの選択となります。真っ先にプレスリリースの配信サービスで一斉配信するのはオススメしません。

中小企業の社長は、「プレスリリースのネタが発生したら、日経の記者に先に情報を渡す」ことを繰り返していけば、記者と仲良くなれます。

そして、日経の記者と仲良くなると、記事掲載率が高まります。

プレスリリースのネタが発生したら日経の記者だけに先に渡す。

オススメの手法です。

中小企業で記者発表会を行った方が良い可能性は１％以下

ホテルの宴会場やイベントスペースにマスコミに集まってもらい、カメラマンのフラッシュを浴びながら華々しく新商品や新事業を発表する記者発表会。

人生で一度は経験してみたいものです。

ただ、どういった場合に記者発表会を行うべきなのでしょうか？


簡単に言うと「ニュース性が高いネタを発表する時」です。


プレスリリースを世の中に発表する方法は、先ほど述べましたが、「１社だけに先に渡す」方法と「一斉に渡す（配信する）」方法のどちらかです。

「一斉に渡す（配信する）」方法は、「メールやＦＡＸなどで配信する」方法と「記者に集まってもらい（対面やオンラインまたはその両方で）発表する」方法のどちら

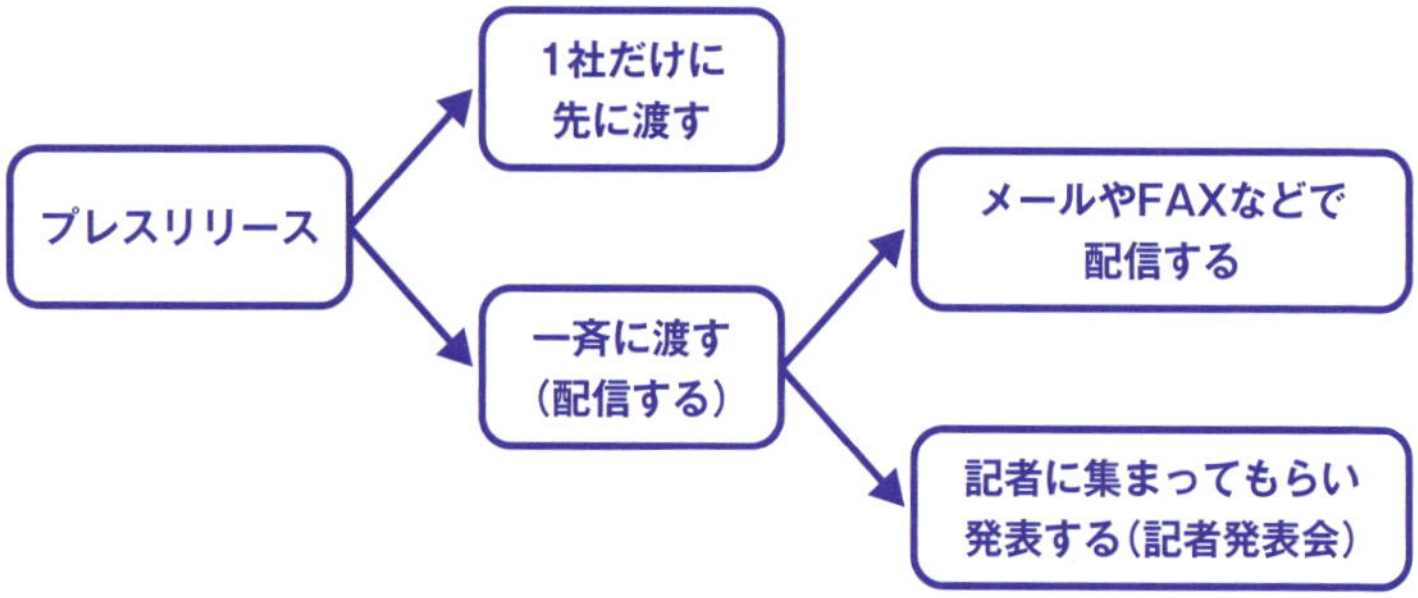

かです。

この「記者に集まってもらい発表する」方法を記者発表会と言います。

「ニュース性が高いネタ」であれば、マスコミに集まってもらえ、現物を見せながらニュースネタを直接説明して、同タイミングで一斉に発表できます。

つまり、複数のマスコミで一斉に取り上げてもらえる可能性があります。

「抜き」「抜かれ」にこだわる全国紙や通信社、経済産業紙、地元の地方紙が集まってもらえるネタかどうかが「ニュース性が高いネタ」と言えるかどうかの判断基準となります。

私の経験では「記者発表会を行うべきネタ」は、中

小企業の全リリースネタの１%以下であると感じています。

大企業のニュースは、多くの方が、仕事に影響があったり、株式を購入していたりするため、自ずと関心の高いニュースとなります。中小企業の場合は、そもそも社名の認知度が低いため、大企業に比べると、同じニュースネタでも読者にとっては関心が低くなるため、取り上げてもらえる確率は下がってしまいます。

ニュース性が高くて、プレスリリースを「一斉に渡す（配信する）」方法で発表した方が良い割合は全体の1割以下で、さらに、「記者に集まってもらえるほどのニュース性の高いネタ」は、その中の1割以下という感覚です。

「抜き」「抜かれ」にそれほどこだわらないマスコミである業界紙や雑誌、ネット専門マスコミ等の記者は、「ニュース性が高くないネタ」の場合、速報性にそこまでこだわりません。また、プレスリリースで記事が書けるなら、忙しい中、記者発表会に出席して時間を奪われたくないと考えるのが普通です。そのため、わざわざ記者発表会に出席しようとする人は、ほとんどいません。

プレスリリースのネタがある場合、「ニュース性の高さ」で発表方法を考えます。

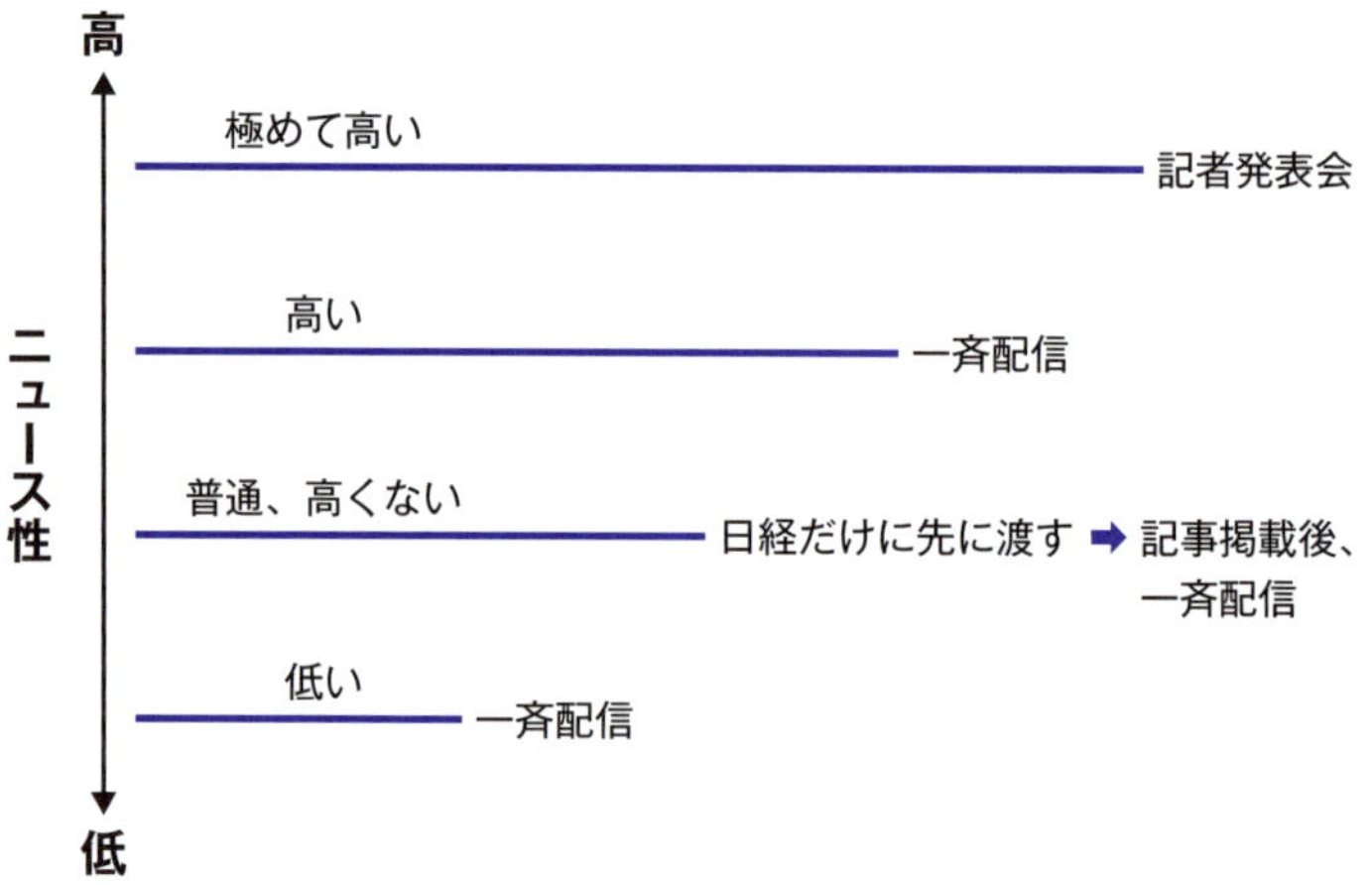

「抜き」「抜かれ」にこだわる全国紙や通信社、経済産業紙、地元の地方紙が集まってもらえそうなネタの場合は「記者発表会を実施」。

それらの記者に集まってもらえなさそうでも、いくつか記事にしてもらえそうなら「一斉配信」。全国紙や通信社での扱いが難しそうなネタは「日経だけに先に渡す」方法がベストです。

ただし、日経ＭＪや日経産業新聞での記事掲載がかなり難しそうな場合は、「一斉配信」となります。

業界新聞も社長が訪問　業界新聞を見てテレビ番組から取材が入ることもある

日経ＭＪや日経産業新聞に記事が載ってもおかしくないようなネタの場合、中小企業のプレスリリースネタの９割は、日本経済新聞社の記者にだけ先にリリースを渡す方法が良いと思います。

日経の記者には、「２（または３）週間後の●月●日には、他のマスコミにもプレスリリースを配信したいと考えており、それまでに記事化のご検討をお願いできませんか？」と交渉します。

ネタ自体のニュース性の高さや他のネタとの兼ね合いもあるため、どんなネタでも必ず記事になるとは限りませんが、２～３週間程の時間的な猶予があれば、ニュースネタが少ない時を狙って記事として掲載してもらえる確率は、上がります。

２～３週間の間に日経本紙または日経ＭＪや日経産業新聞などで記事掲載してもら

えたとします。
そうしましたら、記事掲載された日に他のマスコミにもメールやＦＡＸなどでリリース配信を行います。

残念ながら記者にお伝えした期日までに記事掲載に至らなかった場合は、予定通りに他のマスコミにプレスリリースを配信し、日経の記者には「他のマスコミにも本日プレスリリースを配信しました。また機会がありましたらお願いいたします」とメールを入れておけば大丈夫です。

ここで大切なのが、プレスリリースの配信を行った後、業界新聞と言われる新聞社に直接電話し、「先ほど配信させて頂いたプレスリリースについて、弊社の社長から編集部の方に直接ご説明をさせていただきたいのですが、お願いできますでしょうか？」と言って、**社長が編集部の記者に直接会って説明することです**。

全ての業界新聞に社長から直接説明をする必要はないですが、発行部数が多いところや、自社でネットニュースにも記事を掲載していて、それがヤフーニュースでも掲載される業界新聞の発行元には、社長自ら訪問することをオススメします。

なぜなら、**主要な業界新聞やヤフーニュースは、テレビ局の制作担当者も日経各紙と同様にチェックしていて、それらを見たテレビ局から取材が入ることは、決して少なくないからです**。

ちなみに、ヤフーニュースの記事のほとんどは、他のマスコミから提供されている記事です。マスコミから聞いた話ですと、ヤフーニュースに提供した記事のＰＶ数に応じて、報酬が支払われる仕組みになっているそうです。

ヤフーのトップページから一つニュースをクリックして、下にスクロールしていくと、右下の「お問い合わせ」の上に「ニュース提供社」と書いてあるのが見つかると思います。そこをクリックしてみてください。ヤフーニュースに記事を提供しているマスコミを見ることができます。

業界新聞は、書籍『月刊メディア・データ』で探そう

プレスリリースは、最初は日経の記者だけに先に渡すのがオススメですが、**日経での記事掲載後は、取り上げてもらえる可能性があるマスコミに、くまなく渡す（配信する）のが鉄則です**。

広告活動は、限られた資源（予算）の中で行わなければなりません。そのため、相手（ターゲット）に効率的に伝えられるマスコミを選別して、広告を出していく必要があります。

一方、PR活動は、プレスリリースを配信するための通信費や出力費くらいしか費用がかからないため、少しでも可能性があるマスコミにはくまなく配信するべきです。**ただし、全く的外れなマスコミにはプレスリリースは配信しないようにしましょう**。的外れなプレスリリースを受け取ったマスコミは、そのうち御社の名前を見ただけで、「この会社は配信先のマスコミの研究を全くしていない会社だ」と考えるようになり

ます。こうなってしまうと、悪い印象しか残らず、そのマスコミにマッチしたニュースを配信できる時でも、無視されてしまいます。

ところで、プレスリリースをくまなく渡そう（配信しよう）と思った時、マスコミはどのように探したら良いでしょうか？

書籍『月刊メディア・データ』

出所：ビルコム株式会社HP
(https://www.media-res.net/)

答えは、書籍『月刊メディア・データ』（ビルコム株式会社）で探すことです。おそらく日本で唯一、国内で発刊されている新聞・雑誌をほぼ網羅している書籍です。年間購読制で、「一般新聞&電波版」「一般雑誌版」「業界・専門雑誌版」「業界・専門新聞版」の4種類があり、全部で8万3000円（税別）です。PRをしっかりと行いたいのであれば、必須のアイテムです。

この『月刊メディア・データ』を見ながら、自社のプレスリリースの内容が当てはまるかを考えて検討します。

『月刊メディア・データ』には電話番号の明記はあるのですが、編集部のメールアドレスやFAX番号、住所は載っていません。

電話をして編集部にまわしてもらい、メールアドレスやFAX番号を教えてもらいましょう。電話がつながらない場合は、ホームページから所在地を調べ、郵送で編集部宛に送付するのでも大丈夫です。

プレスリリースの配信先となるマスコミのリストの作成方法は、また次の章でも詳しくご説明します。

3

第3章

マスコミに取り上げられる6つの手順

①ニュースネタを探す＆つくる

ＰＲの弱点は「ニュースネタ」がないと何もできないところです。

ＰＲは、「ニュースネタ」をマスコミに渡してニュースとして取り上げてもらう活動ですので、まずは、ニュースネタを探してみましょう。

「ニュース」とは「新しい（珍しい）出来事（についての知らせ）」で、その種（タネ）のことがニュースネタです。

マスコミがニュースにしそうなこととは、具体的には何なのでしょうか？

本書を読まれている方の多くは、企業を経営している方か、企業に勤めている方だと思いますので、「企業におけるニュースネタ」で考えてみたいと思います。

ニュースネタを探す&つくる

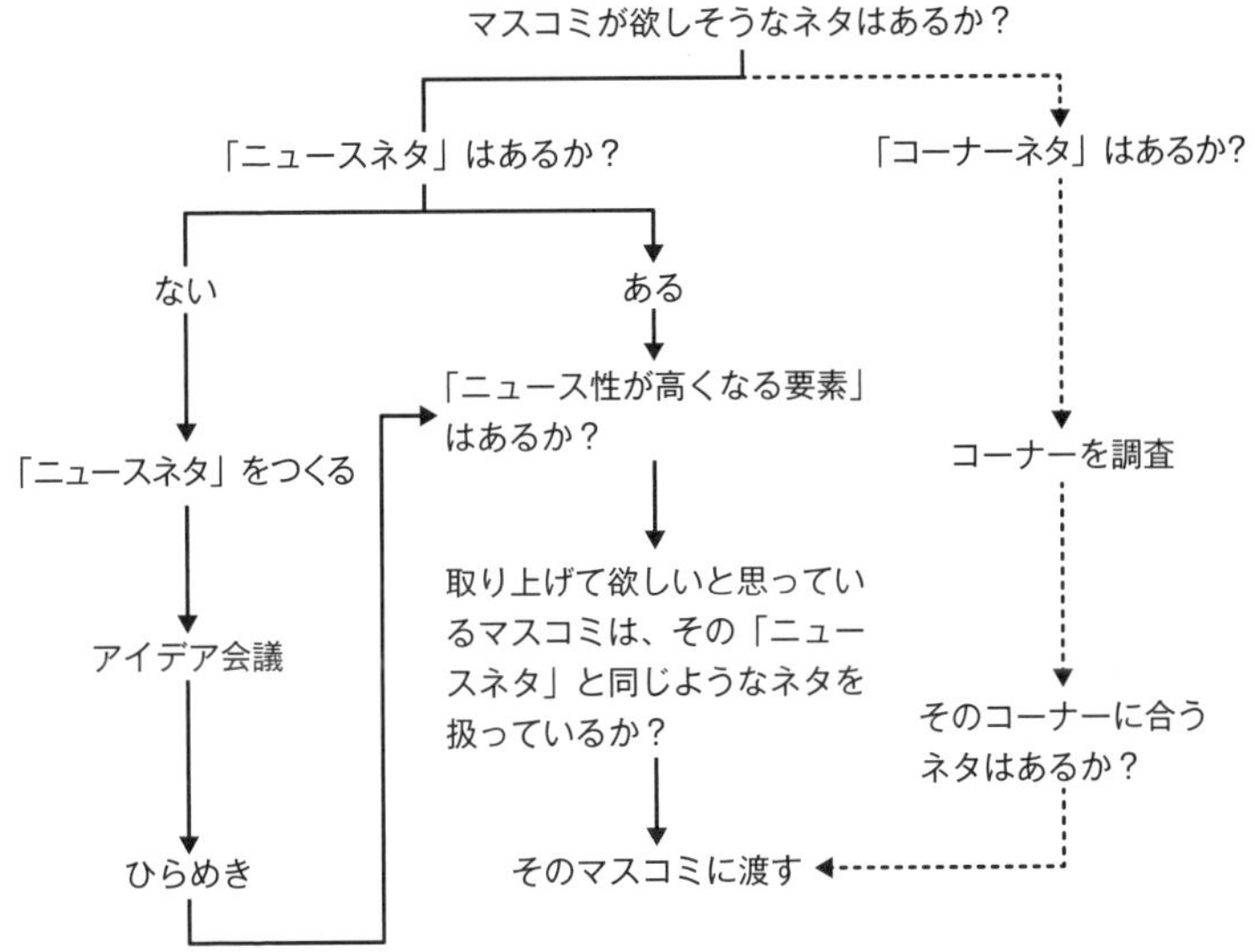

例えば「新製品」「新サービス」「新店舗」「新規事業」「新CM」「新社長」「ユニークなキャンペーン」「ユニークな広告」「ユニークなイベント」「ユニークな動画」「ユニークな調査データ」「ユニークな社内制度」「賞を受賞」「商品がヒット（人気）」「社会貢献活動」「事業提携」「業績（上場企業の場合）」「提携」などです。

御社の中にこれらの「ニュースネタ」はありそうでしょうか？

「ニュースネタ」が見つかったら、そのネタが、マスコミに取り上げてもらえる可能性があるものかを検証しましょう。まずは、1章でお伝えした「ニュース性が高くなる要素」がそこに含まれているか、です。

次に、あなたが取り上げて欲しいと思っているマスコミは、その「ニュースネタ」と同じようなネタを扱っているか、です。

おそらく、一番取り上げてもらえる可能性があるのは業界新聞です。まずは業界新聞の記事をネット検索などで調べてみて、可能性があるかを検証してみましょう。

1章でもお伝えしましたが、マスコミは、(広告を除くと)「ニュース」と「コーナー」からできています。コーナーとは、例えば「ロングセラー商品の秘密を探る」コーナーや、「失敗談」から学ぶコーナーなどのことです。

「コーナー」に合う情報も「ネタ」になります。「ニュースネタ」というより「コーナーネタ」と呼んだ方が良いかもしれませんが、コーナーを調査し、コーナーに合うネタがないか、も考えてみましょう。

ニュースネタがない場合は、ニュースネタをつくることも可能です。マスコミに取り上げられた面白いニュースに触れて、アイデア会議を行いましょう。

1～2週間に1回くらいのペースで定期的にアイデア会議を行い、習慣化することが重要です。そうすることで、知らず知らずのうちに頭のどこかでそのことについて考えるようになり、子供と遊んでいる時、お風呂に入っている時、スポーツをしている時など、ふとした時にネタが浮かびます。

ニュースネタをつくることに関しては、第5章「マスコミが欲しがるネタ3つの条件」で成功事例をご紹介するほか、第6章でニュースネタをつくる裏ワザをご紹介します。

②プレスリリースをつくる
―その1　事例を見ながら解説　タイトルの書き方

マスコミにニュースネタを渡す際に、マスコミのほとんどの人は「紙（文章）でもらえますか？」と言います。

情報を扱う業界ですので、正確性を重視しているからだと思われます。

このマスコミの方に渡す紙資料をプレスリリースと言います。

プレスリリースは、マスコミの人への情報（ニュースネタ）提供ツールです。つまり、ニュースネタを簡潔にまとめて、マスコミの人に届けるものです。マスコミの人は、プレスリリースをもとにして、記事を書いたり、取材したりします。

マスコミへの情報提供ツールですので、本来的には、どのように書こうと自由です。

しかしながら、マスコミの人がどのような資料を欲しがっているかというニーズから導いた基本形があります。

まず、基本書式です。

文章は、横書き。紙の大きさはA4。本文の文字の大きさは、10〜12ポイントで、私は11ポイントをオススメします。フォントは、明朝体でもゴシック体でも良いです。ですます調で書きます。

次に、基本構成です。

まず、左上に「報道関係各位」や「Press Release」「News Release」と明記し、マスコミ向けのリリースだということを示します。右上には送信する日付を入れます。タイトルとサブタイトルは3〜4行程度で書きます。文章は、興味を持ってもらうために、全体を短めに要約したリードと、それを詳しく説明する本文で構成します。写真とお問合せ先を明記します。

実際に「ワールドビジネスサテライト」(テレビ東京)、「news every.」(日本テレビ)の取材を獲得した、プレスリリース(79ページの図)を見ながら、書き方をお伝えします。

プレスリリースは、本文とタイトル、どちらから書くべきでしょうか？

答えは、タイトルです。

なぜなら、タイトルを書いて、そのタイトルを補足するように、順番に重要なことから書いていくからです。新聞やテレビのニュースと同じように「背景」よりも「結論」が先です。

タイトルが一番重要で、マスコミに伝えたい一番のニュースポイントを書きます。

先ほどお伝えした「ニュース性が高くなる要素」を意識しながら考えましょう。

左図のプレスリリースは、メインタイトルが『メガネ装着型マスク「グラスマスク」8月3日（月）から発売』で、サブタイトルは「熱中症対策にも‼」と「息がしやすく、表情が見え、軽くて清潔」としました。

「プレスリリース」

Press Release　GLASSES MASK™

報道関係者各位

KAGOMEDIA

2020年7月30日
カゴメディア株式会社

タイトル

熱中症対策にも！！

息がしやすく、表情が見え、軽くて清潔

メガネ装着型マスク「グラスマスク」

8月3日（月）から発売

リード文

雑貨製品の企画、デザイン、製造、販売を行うカゴメディア株式会社（本社：東京都港区、代表取締役社長：名雲 康晃）は、メガネ・サングラス装着型のプラスチック製マスク「グラスマスク」（1セット4枚入り）を、8月3日（月）から1,250円（税抜）で発売します。

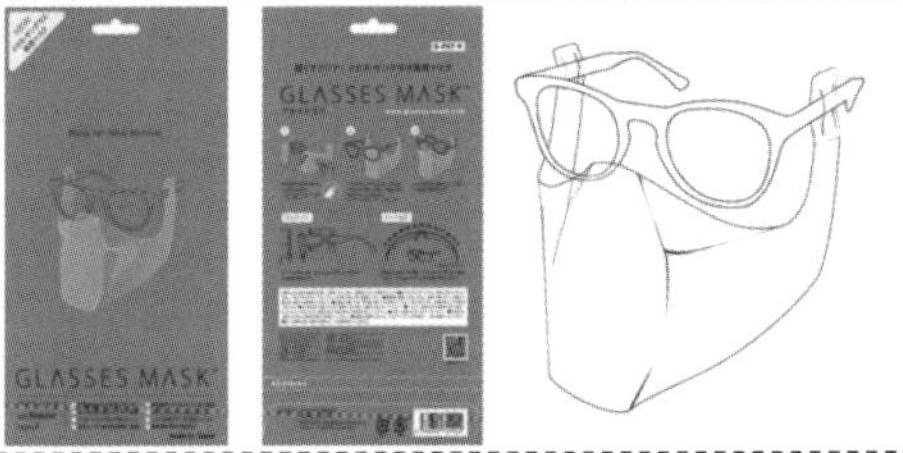

本文

「グラスマスク」は、華奢なメガネからスポーツサングラスまで、様々な形状のメガネに使用することが可能です。また、独自開発のスリット（切れ込み）により、メガネとマスクをしっかりと固定することが出来ます。

通常のレギュラーサイズとスモールサイズの2種類で、重量は、レギュラーサイズが10g、スモールサイズが8gと、着けていることを忘れてしまうほど軽く、デザインもフェイスラインにやさしく馴染むフォルムです。また透明なため、販売員や手話通訳士の方など、マスクがあまり適さない職業の方でも表情を見せて自然なコミュニケーションを取ることが出来ます。

肌とマスクが直接触れないので、従来までのマスクにありがちな、メイク崩れや肌トラブル、耳の痛さやメガネが曇ってしまう等の対策としても有効と思われます。

通気性に優れ、息がしやすいので、配達員、自動車整備士、工事現場の方など暑くてマスクが苦しい状況の方々にもおすすめしており、使用後は、市販のアルコール消毒液などで簡単に拭き取る事ができるので、清潔に繰り返し使用することも可能です。

新型コロナウイルス感染症予防対策の一環として、外出をする際にマスクを装着することが、日本だけでなく海外でも、新しい生活様式として定着しつつあり、繰り返し洗えるマスクや夏用のマスクなど、これまで馴染みのなかったマスクも次々と登場してきました。

マスコミ業界やPR業界では、「ニュースは、ひと言」と言われており、なるべく短く表現できるニュースネタの方が良いニュースと言われております。

本当は、『メガネ・サングラスに装着するプラスチック製のマスク「グラスマスク」を8月3日（月）に発売』と書きたかったのですが、長くなるために、『メガネ装着型マスク「グラスマスク」8月3日（月）から発売』としました。

マスコミには、毎日多くのプレスリリースが届きます。例えば、テレビのニュース番組には、1日300～500通のプレスリリースが届きます。そのため、番組の担当者は、まずは、プレスリリースのタイトルしか読みません。プレスリリースで、タイトルが最も重要になってくるのは、このためです。

2020年の夏は、とても暑く、マスクをしながらの熱中症対策の話題が非常に多く見られました。ニュースネタにこのような「季節性」が含まれると、採用率が上がるため、サブタイトルに「熱中症対策にも」という言葉を入れました。

そして、もう一つのサブタイトル「息がしやすく、表情が見え、軽くて清潔」は、これまでのマスクとの違いを簡潔に示して「新規性」を表現したものです。

マスコミのニュースに、広告表現がないのと一緒で、タイトルも文章も「事実のみを書く」ことが大切です。

事実を正確に伝えたいマスコミは、大袈裟でアバウトな表現を嫌います。会社が世の中に発表する公式文書となりますので、嘘や誇張は書かないようにしましょう。

②プレスリリースをつくる
―その2　事例を見ながら解説　文章の書き方

文章は、極力、専門用語を使わずに、わかりやすく簡潔に書くことが大切です。

なぜなら、朝日新聞、読売新聞、毎日新聞などの全国紙や共同通信社、時事通信社などの通信社、テレビなどは、読者や視聴者の年齢・知識レベルが幅広いために、難しいニュースも噛み砕いてわかりやすく報道する必要があるからです。

読者や視聴者が多い影響力のあるマスコミであればあるほど、その傾向は強いです。ですので、記者は、自分が噛み砕いてわかりやすくするよりも最初からわかりやすくしてある方を好みます。

また、マスコミの経済部は、30～40名程の記者で全業界をカバーしているため、特定の業界にそこまで詳しいわけではありません。

日本経済新聞、日刊工業新聞などの経済産業紙でさえ、担当する業界は1〜2年程で変わるので、全業界に精通しているわけではありません。

「新聞社の記者は頭が良くて知識も豊富な人が多いので、専門用語を書いてもわかる」と思いがちですが、忙しく限られた時間の中で取り上げてもらうには、業界に精通していない人でもわかるように書くことが重要です。

ただし、業界新聞しか狙えそうにないニュースネタの場合は、専門用語を用いてプレスリリースを書いても大丈夫です。なぜならば、業界新聞の記者も読者も専門用語を理解しているからです。

タイトルの次に来る最初の文書は、リード文と言い、タイトルにした「ニュース性の一番高いポイント」を簡潔に伝えるものです。

『メガネ装着型マスク「グラスマスク」8月3日（月）から発売』をメインタイトルにしましたので、リード文は『雑貨製品の企画、デザイン、製造、販売を行うカゴメディア株式会社…は、メガネ・サングラス装着型のプラスチック製マスク「グラスマスク」（1セット4枚入り）を、8月3日（月）から1250円（税抜）で発売します。』としました。

プレスリリースでは、主語となるカゴメディア株式会社の前に「雑貨製品の企画、デザイン、製造、販売を行う」という修飾語を入れました。このように、**著名な企業でない場合は、端的にその会社の事業を説明します**。

そして、社名の後に「（本社：●●、代表取締役社長：●●）」と明記しています。本社所在地と代表者名を書くことが20年くらい前から定番になってきました。実のところ、このリード文の社名の後に本社所在地と代表者名を書くことの意味は、明らかになっておりません。

本社所在地を書く理由としてよく挙げられるのは、「所在地を書くことで、会社を特定できる」というものです。

社長名を書くのは、誰の責任でプレスリリースを書いているのかを示すためです。「会社発表は会社の代表が行うべき」ということで、社長名を明記しております。

専門用語は使わない＆わかりやすく簡潔に書く

Press Release

タイトル

・最も重要
・一番のニュースポイントを書く

リード文

・タイトルで書いたニュースポイントを簡潔に説明。
・社名を書く。著名な企業でない場合、端的に会社の事業を説明。
・本社所在地を書き、会社を特定できるようにする。
・社長名を書き、責任の所在を示す。

写真など

本文

・リード文で書いた一番ニュース性の高いポイントをより詳しく説明する。
・最後まで読まれないことを前提に、重要な内容だけを書く。

リード文の後には、本文がきます。

本文では、リード文で書いた一番ニュース性の高いポイントをより詳しく説明していきます。繰り返しになりますが、新聞やテレビのニュースと同じように「背景」や「社会的な意義」よりも「リード文で書いた一番ニュース性の高いポイントをより詳しく説明する」ことが先です。

「背景を先に説明しないとニュース性が伝わらないケースもあるのでは?」と思われた方もいると思います。しかし、残念ながら**「背景」を先に伝えないとニュース性が伝わらないネタは、「一般性」が低いネタでニュース性が不足している可能性が高いです**。

受け取ったマスコミも何が言いたいのか最後まで読まないとわからないような文書は、途中で読むのが面倒になる可能性が高いです。

プレスリリースは、最後まで読まれないことを前提に書かなければいけません。どこで読むのを止めても、重要な内容が伝わるように書きましょう。

③プレスリリースを送るリストをつくる
—その1　マスコミを探す

1. 記者クラブを探す

プレスリリースは、どこの誰に送れば良いのでしょうか？

まずは「記者クラブ」探しから始めます。

いきなり「記者クラブ」と言われると、「なんか聞いたことがあるけど、少し怖そうだし、うちのような零細企業が相手にしてもらえるのか？」と思うかもしれませんが、意外と開かれており、便利な場所です。

記者クラブとは、簡単に言うと、省庁や県庁、市役所、空港や裁判所、警察署など、ニュースネタが多くある所に、新聞社やテレビ局の記者が集まっている所です。

記者クラブにいるマスコミは、多少の違いはありますが、大体は、左記のとおりで、いわゆる大手マスコミです。

「東京の記者クラブにいる主なマスコミ」

1	新聞社	朝日新聞社
2		読売新聞社
3		毎日新聞社
4		産経新聞社
5		中日新聞東京本社
6		日本経済新聞社
7		日刊工業新聞社
8	通信社	共同通信社
9		時事通信社
10	テレビ局	NHK
11		日本テレビ
12		テレビ朝日
13		TBSテレビ
14		フジテレビ
15		テレビ東京

地方の場合は、地方紙が加わって、中日新聞東京本社（東京新聞）がなくなり、テレビは、地方局となります。例えば、滋賀県政記者クラブの加盟社は左記のとおりです。

「滋賀県政記者クラブにいるマスコミ」

1	新聞社	京都新聞社
2		中日新聞社
3		朝日新聞社
4		読売新聞社
5		毎日新聞社
6		産経新聞社
7		日本経済新聞社
8	通信社	共同通信社
9		時事通信社
10	テレビ局	NHK
11		京都放送
12		びわ湖放送

滋賀県庁ＨＰ「県政記者クラブ等への資料提供（プレスリリース）について」をもとに作成（https://www.pref.shiga.lg.jp/kensei/koho/koho/322725.html）

記者クラブにいる大手新聞社は、記者の数や読者数、記事の信頼性から考えて、日本で一番影響力のあるマスコミと言っても過言ではありません。

しかし、取り上げてもらうことの難易度は「テレビ」の次に高く、経験的には、中小企業のプレスリリースの9割は取り上げてもらえないでしょう。

ただし、プレスリリースを送るのはただの情報提供で、費用もインターネット環境があれば、ほとんどかかりません。少しでも可能性を感じるのであれば、プレスリリースは送るべきだと思います。

記者クラブは、「地域」や「業界（テーマ）」によって分かれており、全国で約800もあるそうです。

まず、プレスリリースを発表する会社の本社が東京23区以外の場合は、「地域」で該当する記者クラブがあるかを探します。県庁や最寄りの市役所に「県政記者クラブ」や「市政記者クラブ」などと呼ばれる記者クラブがあるかどうか、調べてみましょう。

次に、「業界（テーマ）」で考え、当てはまる「記者クラブ」を探します。

主な記者クラブと、そのクラブが担当している業界は、以下のとおりです。

◆総務省記者クラブ：情報通信、ネット関連
◆文部科学記者会：教育、宇宙
◆国土交通記者会：不動産、建設、運輸
◆厚生労働記者会：医療、医薬品、薬局
◆農政クラブ：農業
◆経済産業記者会：経済
◆環境問題研究会：環境問題
◆兜倶楽部：上場企業の業績、証券会社
◆東商記者クラブ：スーパー、コンビニ、百貨店、食品
◆本町記者会：医療、医薬品、薬局
◆重工業研究会：鉄鋼、化学、ゴム、セメント、化粧品
◆日銀金融記者クラブ：銀行、保険

当てはまる「地域」や「業界（テーマ）」があれば、複数の「記者クラブ」にプレスリリースを送った方が良いです。記者は、取り上げたいプレスリリースが届いた時に、「『地域』の記者が担当するのか」「『業界（テーマ）』の記者が担当するのか」を、記者同士で話し合って決めています。

省庁や県庁、市役所などの代表に電話をして「記者クラブをお願いします」と言うと、記者クラブに電話をまわしてもらえます。

記者クラブにまわしてもらったら、プレスリリースの内容を簡単に伝えれば、「その内容でしたら、違う記者クラブですね」とか「この記者クラブで大丈夫です」などと教えてもらえます。

2. 大手新聞社と通信社を探す

記者クラブの次は、可能性のありそうなマスコミを一つひとつくまなく探し出していきます。ジャンルでは、「新聞」「通信社」「雑誌」「ウェブ」「テレビ」「ラジオ」に分けられます。

探し出したマスコミは、エクセルなどに入力して管理します。

リスト化する項目は、「マスコミ名」「社名」「部署名」「担当者名」「電話」「メール」「FAX番号」「郵便番号」「住所」「投稿フォームのURL」などです。

最低限「マスコミ名」と「メール」の項目があれば、プレスリリースは送信できますので、全ての情報を完璧にリスト化する必要はありません。

「メール」が不明な場合は、基本的にFAXで送信しますので、「マスコミ名」と「FAX」の情報があれば大丈夫です。

「担当者名」があった方が良いのですが、この段階では、まだ未入力で大丈夫です。

まずは、大手新聞社と通信社を探します。

大手新聞社、通信社とは、具体的には、朝日新聞社、読売新聞社、毎日新聞社、産経新聞社、共同通信社、時事通信社、日本経済新聞社、日刊工業新聞社のことです。

そこに東京都なら東京新聞を加え、地方の場合は、新潟日報社、河北新報社などの地方紙を加えます。

これらの新聞社や通信社は記者クラブにもいるので、同じ新聞社や通信社にプレスリリースを送ることになるのですが、本社には「デスク」という、記者クラブや現場にいる記者から上がってきた原稿をチェックしたり、取材を指揮する人がいます。

その「デスク」にもプレスリリースを送っておくと、「デスク」から現場の記者にプレスリリースを取り上げるように指示してもらえる可能性があります。ですので、記者クラブだけでなく、東京本社の「デスク」にも、プレスリリースを送ることをオススメします。

新聞社や通信社には多くの記者がいますので、本社にプレスリリースを送る場合には、その内容に合った「部署」宛てに送らなければいけません。

新聞社や通信社の部署には、企業情報を扱う「経済部」、医療情報を扱う「医療部」、科学情報を扱う「科学部」、音楽、映画、ファッションなどを扱う「文化部」、料理、園芸などを扱う「生活部」、スポーツを扱う「運動部」、政治を扱う「政治部」、海外の情報を扱う「外信部」、事件・事故などを扱う「社会部」、写真を扱う「写真部」などがあります。新聞社・通信社によって部署名は多少違います。

部署名の調べ方は、新聞社に電話をし、簡単に内容を説明してどの部署に当てはまるかを聞くか、『広報・マスコミハンドブック（ＰＲ手帳）』（発売：学術研究出版）で調べる方法があります。この書籍には、各新聞社にどんな名前の部署があるかが明記してあります。

『広報・マスコミハンドブック（ＰＲ手帳）2024年版』
（企画・編集：公益社団法人日本パブリックリレーションズ協会）
（発行：アーク・コミュニケーションズ出版）

出所：公益社団法人日本パブリックリレーションズ協会（https://prsj.or.jp/publications/handbook/2024/）

3. 業界新聞と雑誌を探す

次は、業界新聞と雑誌を探す方法です。

第2章でもご紹介しましたが、業界新聞と雑誌は、書籍『月刊メディア・データ』(ビルコム株式会社)で探します。

目次を見ながら、自社のプレスリリースの内容を扱ってもらえそうかを考え、扱ってもらえそうなマスコミを見つけたら、「媒体概要」を見つつ、ネットでも検索してみて、プレスリリースの送付先にするかを検討します。

ただし、先にも述べましたとおり、あまりにもプレスリリースの内容と合わないマスコミにプレスリリースを送ると、「この会社はうちのマスコミのことをわかっていない」とマイナスな印象をもたれるようになりますので、**可能性が全くないと思われる所には、やみくもにプレスリリースを送ることはオススメしません**。

送付先は、業界新聞であれば「編集局」、雑誌であれば「編集部」宛てで大丈夫です。

4．ウェブメディアを探す

例えば、シャワーヘッドのプレスリリースでしたら、検索サイトで「シャワーヘッド　ニュースサイト」などと検索すれば、プレスリリースを扱ってもらえそうなニュースサイトをいくつか見つけられると思います。

しかし、もっと効率的に探す方法があります。

まず、ヤフーニュースやライブドアニュース、ニフティニュースなどのポータルサイトのニュース検索で「シャワーヘッド」と検索します。

そうしますと、「シャワーヘッド」に関する過去のニュースがいくつか出てきます。

ポータルサイトは、基本的には自社でニュース記事は書かずに、提携しているマスコミから記事を提供してもらい、自社のポータルサイトに掲載しているので、**ポータルサイトで検索して出てきた過去のニュース記事の提供元のマスコミがどこかを調べることで、プレスリリースの送付先となるウェブメディアを探せます。**

ポータルサイトによって、提携しているマスコミは違いますので、取り上げてもらえる可能性のあるウェブメディアをくまなく探し出すには、複数のポータルサイトで検索する必要があります。送付先は「編集部」宛で大丈夫です。

5. テレビを探す

ほとんどの記者クラブには「テレビ局」の記者が在籍しており、その記者が各テレビ局の代表者としてプレスリリースの情報を共有しています。そのため、「記者クラブ」でプレスリリースを配れば、それが各テレビ番組に届きます。

また、ニュース性の高いネタであれば、地方のテレビ局で取材されたニュースは、東京の系列局で取り上げられ、全国ネタになる場合もあります。

しかし、**「記者クラブ」で配るのとは別に、各テレビ番組宛てに直接プレスリリースを送ることをオススメします。**

というのも、ニュース性の高いネタの場合は、「記者クラブ」でプレスリリースを配るだけで各テレビ番組に情報が共有されますが、そこまでニュース性の高くないネタの場合は、おそらく各番組に情報が共有されていないからです。よって、少しでも取り上げてもらえる可能性があるテレビ番組があるのであれば、別途、各テレビ番組宛てにプレスリリースを送った方が良いです。

テレビ番組の探し方は、実際にテレビ番組を見て、プレスリリースの内容を扱ってもらえるかを考えるのが一番良い方法です。各テレビ局のウェブサイトでも番組が紹介されているので、それを参考にするのも良いと思います。

テレビ番組の中のコーナーに当てはまりそうなネタがある場合は、「コーナー」宛に送ると、さらに扱ってもらえる可能性が高くなります。「コーナー名」を特定してプレスリリースを送った方が、テレビ局の人も「『コーナー』に合いそうなネタを送ってくれたのかな？」と予想がつき、検討しやすいからです。

「コーナー」宛てに送る方法は、テレビ番組以外の新聞、雑誌、ウェブなどでも同様に有効ですので、狙えそうなコーナーがあったらリストに加えましょう。

6. ラジオについて

最後に、ラジオについてです。

ラジオ番組は、音楽やトークで構成されていて、新聞、テレビ、ネットなどと比べるとニュースを扱う量が少ないです。

また、音声のため、しっかりと聞かないと番組内容を調べられず、プレスリリースに合う番組を探すのが大変な上、取り上げてもらった場合のチェックもしにくいです。

このような理由から、**ラジオは、プレスリリースを送る対象から外すことが多いです。**

③プレスリリースを送るリストをつくる
―その2 電話をして担当者名を特定する

これは確率で示すことはできないのですが、経験上、**「担当者」を特定し、その人宛てにプレスリリースを送った方が、取り上げてもらえる可能性が高いです。**

マスコミの人と話しますと「編集部宛に送ってもらえれば、全員が目を通しますので大丈夫ですよ」と言ってくれる場合もあります。

とはいえ、個人宛にプレスリリースを送った方が、プレスリリースが届いた頃を見計らってその人宛に電話をし、再度リリースの内容を簡単に説明することもできますし、自分宛に個別に送られてきたプレスリリースの方が読む気になると思います。

ですので、**プレスリリースを取り上げてもらえる可能性を少しでも上げたい場合は、「個人宛て」にプレスリリースをお送りすることをオススメします。**

担当者を特定するためには、マスコミに電話をし、簡単にプレスリリースの内容を説明して担当者を聞き出す必要があります。扱って欲しいコーナーがある場合は、コーナーの担当者名を聞き出しましょう。

担当者を特定しなくても、マスコミに扱ってもらえる可能性はありますので、労力や時間をかけられない時は、部署宛てに送る方法で大丈夫です。

大手新聞社と通信社は「編集局●●部御中」、業界新聞は「編集局御中」、雑誌は「●●（雑誌名）編集部御中」、テレビは「制作局●●（番組名）御中」などです。

④プレスリリースを送る

プレスリリースを送る方法は主に「メール」「FAX」「郵便」「投稿フォーム」となります。

「記者クラブ」だけ特殊なので、少しご説明します。

記者クラブは便利なところで、記者クラブにいる幹事の記者の了承が得られれば、そこにいる大手マスコミの記者に一斉にプレスリリースを渡すことができます。

ちなみに、**記者クラブにいる記者にプレスリリースを渡すことを「資料配布」と呼びます**。

記者クラブでは、所属しているマスコミが持ちまわり制で幹事社を決めています。「資料配布」する際に、多くの記者クラブでは、幹事社の了承と申し込みが必要です。

電話した際に簡単にプレスリリースの内容を説明し、「資料配付」を行って良いかの了承を得ましょう。

申し込みは、「プレスリリースのタイトルと配布日時をＦＡＸやメールで２日前までに送る」というルールが多いです。１日前や数時間前でもＯＫという所もあります。

その後、メールや持ち込み、郵送などでプレスリリースを届けます。

持ち込みでしか受け付けない記者クラブもあります。

記者クラブに電話した際に、「申し込みが必要か」「プレスリリースは、メールや郵送でも良いか」「持ち込む必要がある場合は、何部持ち込む必要があるか」を聞き出しましょう。

また、「記者クラブに所属している記者の名簿はもらえるか」「もらえない場合は、所属しているマスコミの名前を教えて欲しい」と言って、どんなマスコミが所属しているかを聞いておきましょう。

1. 幹事社に電話して了承を得る

確認事項

- ☑ プレスリリースのお渡しは、メールや郵送でもよいか？
- ☑ 持ち込みの場合、何部持ち込めばよいか？
- ☑ 記者の名簿はもらえるか？
- ☑ 所属しているマスコミの名前は？

2. 申し込む

ルール

What：プレスリリースのタイトルと配布日時※を、
How：FAXやメールで、
When：2日前までに送る
※1日前や数時間前でOKという所もある

3. プレスリリースを届ける

他の記者クラブでも資料配布を行う場合

プレスリリースの余白部分に資料配布を行う記者クラブを明記する。
（例→「同時配布：総務省記者クラブ、文部科学記者会」）

※複数の記者クラブで「資料配布」を行う場合は、配布日時を同じにする。

また、**複数の記者クラブで「資料配布」を行う場合は、発表日時を同じにする必要があります**。そして、プレスリリースの余白部分には、資料配布を行う記者クラブを「同時配布：総務省記者クラブ、文部科学記者会」といった形で明記します。

ちなみに、記者クラブには簡単なルールがあります。**それは、「『資料配布』を行うプレスリリースの情報は、原則として世の中に公になっていない情報でなければならない」というものです**。

もっとも、これはあくまでも「原則として」の話であって、公になっていてもニュースネタによっては、資料配布できる場合もありますので、幹事の記者の方に聞いてみましょう。

第2章で、「中小企業のプレスリリースの9割は、まずは日経新聞社の記者だけに渡した方が良い」とお伝えしました。そのように、日経の記者だけに先にプレスリリースを渡し、記事を掲載してもらった場合は、すでに公になった情報となるため、原則としては、記者クラブで「資料配布」をすることはできなくなります。

その場合は、まずはダメ元で幹事の記者に「資料配布」ができないかを相談してみましょう。記者クラブによっては、そこまで規律に厳しくなく、「資料配布」を了承してもらえる場合もあります。

幹事の了承が得られなかった場合でも、記者クラブにいる記者に（記者クラブを介さずに）それぞれ個別に連絡をしてプレスリリースを渡すことは可能です。記者クラブの仕組みを使わなければ、個別に記者に資料を渡しても問題ありません。

ただし、その場合、記者クラブにいるそれぞれの記者の連絡先を調べる必要があります。新聞社や通信社に電話をして連絡先を尋ねていくことになるので、手間がかかります。

そもそも、日経の記者だけに先に情報を渡すのは、「記者クラブにいる、いわゆる大手マスコミには記事として取り上げてもらえる確率が低い」と考えられる場合なので、記者クラブにいる記者にプレスリリースを渡すのは諦めるという選択もあります。「記者クラブ」以外は、それぞれのマスコミが好む方法で送付するのがベストです。

ざっくりとお伝えしますと、**テレビ・新聞は「FAX」または「メール」、それ以外のマスコミは「メール」が好まれます。**

『月刊メディア・データ』に記載されているのは電話番号のみで、メールアドレスやFAX番号は載っていません。

基本的には、新聞社の編集局、雑誌の編集部、テレビの番組制作担当の人に電話をして、簡単にプレスリリースの内容を伝え、「どの方法で送ったら良いか」を聞き出し、FAX番号やメールアドレスを教えてもらいましょう。

ウェブメディアは、以前から「メール」が主流で、ウェブサイトの下の方（お問合せ）にプレスリリースの送付先アドレスが明記されている場合が多いです。メールアドレスが明記されていない場合は、プレスリリースの投稿フォームが設けられている場合もあるので、探してみてください。

郵送でプレスリリースを送ることはほとんどなくなってきましたが、新製品のプレスリリースでその新製品の現物も一緒に送りたい場合や、メールアドレスやFAX番

原　則

■資料配布を行うプレスリリースの情報
→公になっていない情報でなければならない

■日経の記者だけに先にプレスリリースを渡した場合
→すでに情報が公になっているので、資料配布はNG

例　外

■幹事の了承が得られた場合
→資料配布をしてもOK

■幹事の了承が得られなかった場合
→記者クラブを介さずに、個別に情報を渡すのならOK

号がわからない時などは「郵送」を使う場合もあります。

テレビ番組にFAXを送る場合は、プレスリリースの左上の空白部分に「めざましテレビ御中」や「めざましテレビ●●様」などと明記するだけで大丈夫です。テレビの情報番組には1日300~500通のプレスリリースが届きますので、わざわざ送付状を添付する必要はありません。

メールでプレスリリースを送る場合は件名が重要です。プレスリリースのタイトルを、短めに30~40字程度で記します。メールの本文には、プレスリリースの「1ページ目の上から半分程度」の情報を明記して、「詳細は添付のプレスリリースをご参照ください」というふうにするのが良いと思います。

様々な情報を扱うウェブメディアの記者から聞いた話ですと、プレスリリース受付用のメールアドレスに届く1日のプレスリリースの数は、1000通以上とのことでした。また、何を扱うかは、ほぼタイトルで判断しているとのことでした。そのため、添付ファイルを開かずに、タイトルだけでプレスリリースのおおまかな内容が分かるようにしておくことは、非常に重要です。

メールの容量が3メガ以上になるようでしたら、画像などはクラウドに保存して、リンクをお知らせする方法が良いです。画像の容量は、一つの画像で1~3メガ程度で十分です。

⑤電話でアポを取る
―筆者が実践している 断られないトークスクリプトを大公開！

これまでに何度かお伝えしてきましたが、**マスコミの担当者に会ってプレスリリースの内容を説明した方が、経験上、取り上げてもらえる確率は高いです**。

マスコミの人は、基本的に締切に追われていて忙しいです。

ここでは、そんなマスコミの人に電話をしてアポを取る方法をお伝えします。

まずは、新聞であれば編集局、テレビであれば制作局、雑誌やウェブメディアであれば編集部に、つないでもらいます。

その後、プレスリリースの内容を簡単に説明して、「詳しく説明したい」と伝え、アポをもらうという流れになります。

ポイントは、プレスリリースの内容を簡単に説明することです。

マスコミの人は、「ニュースはひと言」であると知っているので、長く説明しないとプレスリリースの内容が伝わらないネタは、その時点で、ニュース性が低いネタと判断されがちです。

「社長から説明したい」「御社だけに先に情報を渡したい」「現物をお見せしたい」といったことを伝えられれば、ネタのニュース性が高まり、アポを取れる可能性が上がります。

では、「実際にどのように話したら良いのか」、次ページでトークスクリプトを使ってご説明いたします。

例えば、日本経済新聞社の地方支局の記者だけに先に情報を渡す際の電話方法です。

広報担当者「●●（会社名）の広報担当の●●（氏名）と申します。お世話になっております」

記者「お世話になっております」

広報担当者「御社だけに先にお渡ししたいネタがございます。内容は、メガネに装着するプラスチック製のマスクのネタです。息がしやすく、表情が見え、熱中症対策にもなるものです。実際に現物をお持ちして弊社の社長から直接ご説明させて頂きたいのですが」

記者「そうですか…」

広報担当者「来週の●日や●日などは、ご都合いかがでしょうか？」

といった感じで投げかけます。そうしますと、ニュースネタのニュース性の高さにもよりますが、高い確率でアポが取れるハズです。

⑥社長が会いに行く

本書の冒頭でもお伝えしましたが、**企業のニュースネタは、広報や宣伝担当の人から話すよりも、社長から話す方が記事にしてもらいやすくなります。**

仮に、取り上げてもらえなかったとしても、社長が直に記者の反応を見ることができますし、親切な記者は、その場でどのような「ニュースネタの要素」が不足しているかを教えてくれる場合もあります。

ですから、ぜひとも取り上げてもらいたいマスコミに情報提供する際は、社長からマスコミに説明を行ってもらうことをオススメします。

4

第4章

マスコミ訪問は、事前準備が9割

マスコミ向けの会社案内「報道用基礎資料」を準備しよう

マスコミを訪問する際、プレスリリースだけではなく、マスコミ向けの会社案内「報道用基礎資料」を作成して持参しましょう。

マスコミがプレスリリースを取り上げる場合、大手マスコミになればなるほど、その業界全体のことを理解して、ニュース性を判断し、取り上げたいと考えています。しかし、マスコミの人は忙しく、プレスリリースに記載されているネタのニュース性を評価する際に、ニュース性が低そうなネタについて、わざわざ自分でその業界のことを調べることは少ないです。

そんな時に重宝するのが、マスコミ向けの会社案内「報道用基礎資料」です。

「報道用基礎資料」は、自社の事業内容や商品、サービスとその特徴、業界・市場動向など基本的な財務データ、業界におけるポジショニング、自社商品に関わる市場規

模などをグラフや図で説明し、マスコミの人にわかりやすく理解してもらうための資料です。

「報道用基礎資料」に入れたい要素は左記のとおりです。

・企業データ（会社名、所在地、設立日、資本金、事業内容、役員、社員数、関連会社、主要取引先など）
・財務データ（過去3〜5年の売上高、営業利益、今期の業績予測）
・業界全体の市場規模、シェア、ランキング
・経営方針（経営理念、社名の由来、ユニークな社内制度）
・事業内容（自社の特徴、自社の商品やサービスの実績や歴史、競合との比較、未来展望）
・社長プロフィール（略歴、写真、座右の銘、趣味）
・沿革
・お問合せ先

「報道用基礎資料」のポイントは左記のとおりです。

・できるだけわかりやすく説明する。

・業界用語、専門用語はなるべく使用せずに、使用した場合は説明を入れる。

・業界内における自社の位置付けや、同業他社との比較を織り込む。

・一つの企業活動（製品情報・企業情報）を単体で語るのではなく、その活動が市場にどのような影響を与え、自社がどのような成長を望めるのかを明確に示す。

・今後の成長戦略や事業による世の中への貢献価値について語る。

報道用基礎資料　事例　（日本M&Aセンター）

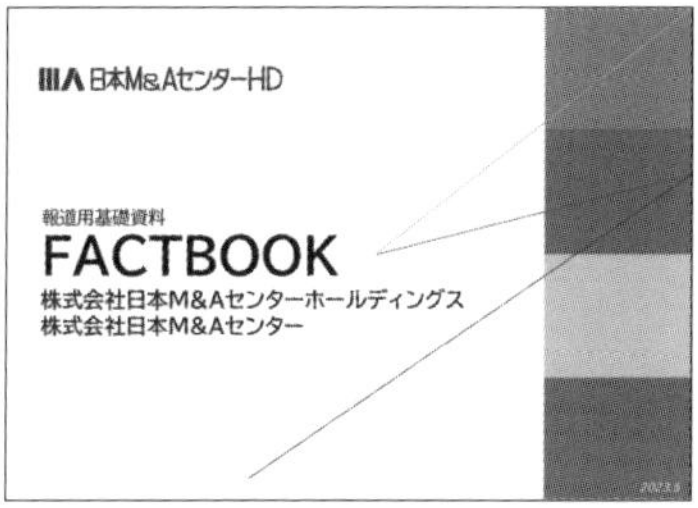

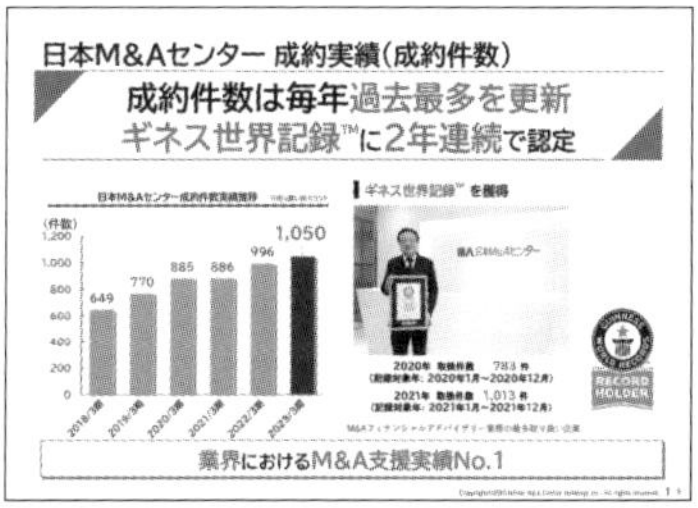

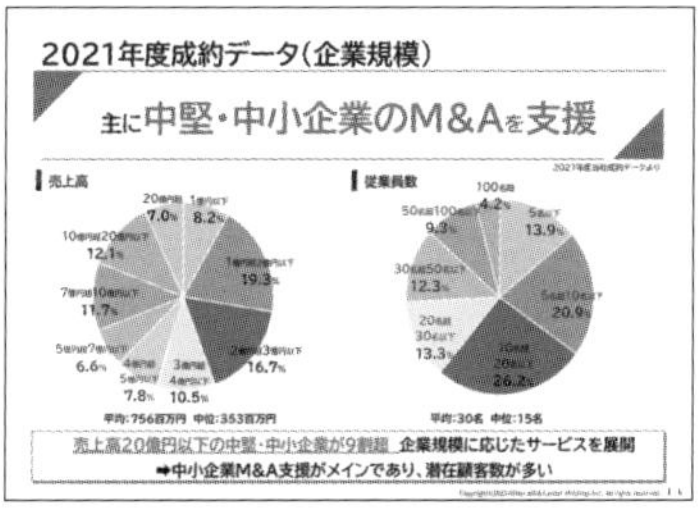

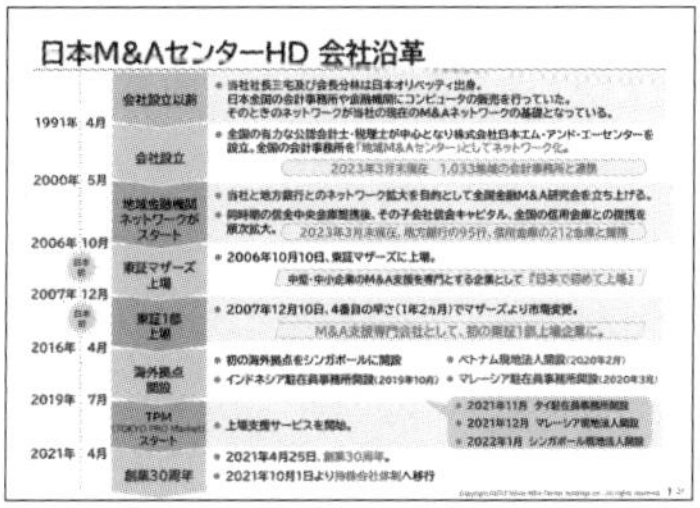

出所：『報道用基礎資料 FACTBOOK』（株式会社日本M&Aセンター）

マスコミには、①会社の説明②プレスリリースの説明の順番で話そう

マスコミを訪問した際には、記者や編集者に「まずは会社のご説明を簡単にさせていただいてもよろしいでしょうか？」と断りを入れて、報道用基礎資料を見せながら会社説明をしましょう。

マスコミの人は締切に追われている人が多く、忙しい雰囲気を醸し出しているので、こちらも「早く本題をお伝えして切り上げなければ」と思いがちです。

しかし、**マスコミの人も、プレスリリースの内容だけでなく、そのネタのバックグラウンドまで知りたいと思っていますので、落ち着いて打診してみましょう。**

また、マスコミへの返答は会社の公式回答になりますので、集中して真剣に回答しましょう。

その他、マスコミ訪問した際の心構えは左記のとおりです。

①業界新聞や専門雑誌を除き、マスコミの人は、基本的にはその業界の素人だと思い、わかりやすく話しましょう。
②結論から話しましょう。
③相手の目を見て話しましょう。
④数字や固有名詞は間違えないようにしましょう。
⑤事実をベースに、なぜそうなのか、将来どうするのかを論理的に話しましょう。
⑥他社の悪口は言わないようにしましょう。
⑦質問は最後まで聞いてから答えましょう。

Q＆Aを作成して準備をしよう

マスコミから聞かれることを想定し、模範回答を考えておく「Q＆A」をあらかじめ作成しておきましょう。

マスコミは5W1H、「いつ」「どこで」「誰が」「何を」「なぜ」「どのように」という基本情報に加えて、YTT（Yesterday・Today・Tomorrow）すなわち「これまでどうだったか？」「現在の状況」「将来の予測」を聞いてきます。

特に、過去に類似ニュースが出ているようであれば、その記事を見ると、どのようなことにマスコミが興味を持つかを想定できます。

「ここまでは聞いてこないでしょう」という質問まで、様々な角度から、まずはたくさんの質問を作成してみましょう。

模範回答の部分については、ＰＲ担当の方だけでは作成できないものも出てくると思われます。

企業には、ＰＲに関心のある人・ない人、理解のある人・ない人がいます。そのため、適切な情報収集を行うためには、まず、ＰＲに関心を持ってもらい、ＰＲに関する正確な理解を社内に浸透させることが大切です。

また、ＰＲ担当の方が、日頃から社内の各部署のメンバーとコミュニケーションをとるよう心掛けることも重要です。同じ質問でも、複数の部署にまたがるものだと、立場の違いで回答が異なるケースが出てきます。

例えば、「売上目標」は経営陣であれば高め、各部であれば低め、「納期」は、営業であれば早め、工場であれば遅めといった感じです。

こういった食い違いを調整し、一本化して会社の統一見解とすることは、ＰＲ担当の方の重要な役割です。

「オフレコ（ここだけの話）ですが」は通用しない 翌日記事になる

マスコミ訪問した際に、やってはいけないことがあります。

①嘘をつかない

事実だけを話し、決して嘘を言わないことが大切です。

また、すでに報道されていることや、広告に出ていることを、あたかも今発表したかのように話すのも、絶対にしてはいけないことです。

②会社の都合ばかり言わない

会社に都合の良いことだけを言って、不利なことを一切言わないという態度はとらないようにしましょう。都合の良い時だけマスコミを利用していると、反感を買うことになります。

③掲載可否、掲載時期の問合せはしない

「プレスリリースで提供した情報が、いつ掲載されるのか」をしつこくマスコミに聞いてはいけません。記者や編集者は多忙で、記者が書いてもデスクがボツにするケースもあります。

④記事掲載前の原稿確認や内容確認を要求しない

記事原稿を掲載前に見せて欲しいと要求することは、最も嫌われる行為です。特に、新聞社やテレビ局の記者は、取材対象者に決して事前に記事を見せないということを徹底していますので、注意が必要です。

仲が良くなった雑誌社、ネットニュースの記者などの場合には、見せてくれる場合がありますので、「もしも可能でしたら」とお願いしてみても良いです。

⑤礼を失するような行為をしない

ニュースに値する情報価値がマスコミの報道の基本である以上、マスコミと企業側は平等な関係です。

⑥「オフレコ（ここだけの話）ですが」と言って、安易に公表していないことをしゃべらない

記者からとても親切に取材してもらうと、特に社長は、ついつい、まだ発表していないことまでしゃべりたくなってしまいます。

しかし、「オフレコでお願いしたいのですが」などと言ってサービス精神旺盛に未発表のことがらまで話すのはやめましょう。翌日記事になります。それが記者の仕事です。

記事掲載後のお礼をしよう

マスコミに情報提供し、取り上げてもらった時は、お礼をしましょう。

記者は多忙ですので、手紙やメールで一筆書いて、記事の反響などもそえて簡単にお礼を言うのが良いと思います。**マスコミの信頼を得てPR活動を成功させるには、マスコミと誠実に付き合うことが大切です**。

プレスリリースのネタがある時は、できるだけ会って話をする。対等に人間らしく付き合う。万が一、不祥事があった時などでも、これまでと同じように誠実に付き合っていくことが大切です。

マスコミ訪問の流れ

事前準備

報道用基礎資料

・企業データ
・財務データ
・業界全体の市場規模、シェア、ランキング
・経営方針
・事業内容
・社長プロフィール
・沿革
・お問合せ先

Point
・できるだけわかりやすく説明する。
・業界用語・専門用語はなるべく使用せずに、使用したい場合は説明を入れる。
・一つの企業活動を単体で語るのではなく、その活動が市場にどのような影響を与え、自社がどのような成長を望めるのか明確に示す。
・今後の成長戦略や事業による世の中への貢献価値について語る。

Q&A

・5W1H+YTTを意識して、想定される質問とそれに対する模範解答を考えておく。

・When	「いつ」
・Where	「どこで」
・Who	「誰が」
・What	「何を」
・Why	「なぜ」
・How	「どのように」
・Yesterday	「これまでどうだったか?」
・Today	「現在の状況」
・Tomorrow	「将来の予測」

Point
・人によって回答が異なる、ということがないように、社内でコミュニケーションをとって見解を統一しておく。

↓

訪問

話し方

①会社の説明
↓
②プレスリリースの説明

Point
①業界紙や専門誌を除き、マスコミの人は、基本的にはその業界の素人だと思い、わかりやすく話しましょう。
②結論から話しましょう。
③相手の目を見て話しましょう。
④数字や固有名詞は間違えないようにしましょう。
⑤事実をベースに、なぜそうなのか、将来どうするのかを論理的に話しましょう。
⑥他社の悪口は言わないようにしましょう。
⑦質問は最後まで聞いてから答えましょう。

⚠注意点

①嘘をつかない。
②会社の都合ばかり言わない。
③掲載可否、掲載時期の問合せはしない。
④記事掲載前の原稿確認や内容確認を要求しない。
⑤礼を失するような行為をしない。
⑥オフレコ(ここだけの話ですが…)と言って、安易に公表していないことをしゃべらない。

→

事後処理

お礼

・マスコミに取り上げてもらったら、必ずお礼をする。
・プレスリリースのネタがある時は、できるだけ会って話をする。
・対等に、人間らしく付き合う。

Point
・記者は多忙なので、手紙やメールで一筆書いて、簡単にお礼を言うのが良い(記事の反響などもそえる)。
・PR活動を成功させるには、マスコミと誠実に付き合い、信頼を得ることが大切。

5

第5章 マスコミが欲しがるネタ3つの条件

社内にあるニュースネタとは「新商品」「新サービス」「新メニュー」「イベント開催」など

私は、マスコミは（広告を除くと）「ニュース」と「コーナー」からできていると考えている、とお伝えしてきました。

この章では、「ニュース」と「コーナー」のうち、マスコミが欲しがる「ニュース」のネタについて考えたいと思います。

企業におけるニュースネタはどんなものがあるでしょうか?

第3章でも書きましたが、あらためて出してみます。

例えば、「新製品」「新サービス」「新店舗」「新規事業」「新CM」「新社長」「ユニークなキャンペーン」「ユニークな広告」「ユニークなイベント」「ユニークな動画」「ユニークな調査データ」「ユニークな統計データ」「ユニークな社内制度」「賞を受賞」「商品のヒット」「社会貢献活動」「事業提携」「業績」「値上げ、値下げ」「大型投資」「買収・合併」「海外進出」「事業売却」「新技術の導入」「雇用拡大・縮小」などです。

これらのネタは、過去にマスコミで取り上げられていたので、今後もニュースとして取り上げてもらえる可能性があると考えて明記しました。もっとも、何がニュースになるかは、その時々で変わってきますので、注意が必要です。

PRは、「ニュースネタ」の提供活動ですが、まず大切なことは「マスコミがニュースとして捉えているものは何か」を知ることです。

企業におけるニュースネタ
新製品
新サービス
新店舗
新規事業
新CM
新社長
ユニークなキャンペーン
ユニークな広告
ユニークなイベント
ユニークな動画
ユニークな調査データ
ユニークな統計データ
ユニークな社内制度
賞を受賞
商品のヒット
社会貢献活動
事業提携
業績
値上げ、値下げ
大型投資
買収・合併
海外進出
事業売却
新技術の導入
雇用拡大・縮小

マスコミの先には読者や視聴者がいて、最終的には、「読者・視聴者が関心があるかどうか」、関心がないとしても、「社会的な意義・知らせておくべき公共性のあるネタかどうか」というのがポイントになってきます。

大手新聞やテレビ、業界新聞や専門雑誌、女性誌やファッション誌など、一口にマスコミと言っても、様々なものがあります。それぞれのマスコミは、何に重きを置いて「ニュース性」を判断するかが異なるので、**「そのマスコミがなぜそのニュースを取り上げているのか」を注視し、「どんなことが取り上げられやすいのか」を判断できるよう、感覚を養っていきましょう。**

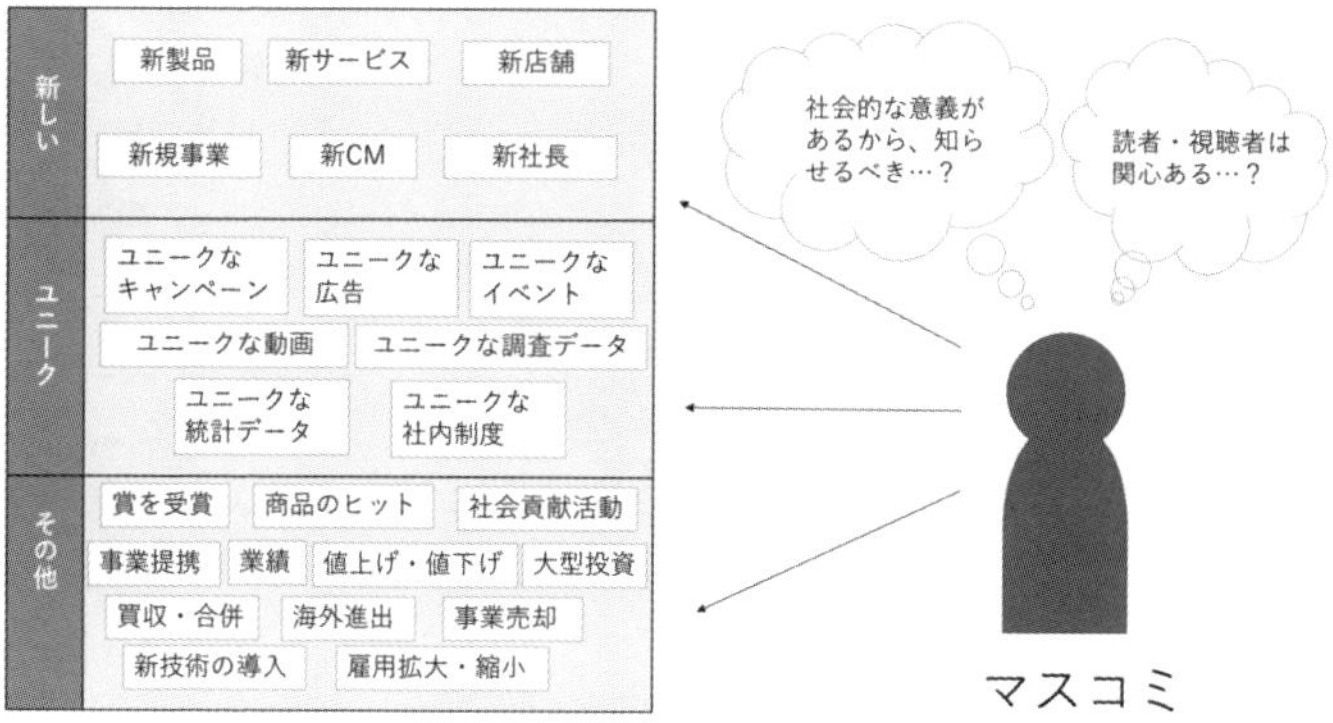

一口にマスコミと言っても、テレビ、
新聞など、様々なものがある。

マスコミによって、何に重きを置いて
「ニュース性」を判断するかが異なる。

そのマスコミがなぜそのニュースを
取り上げているのか？

&

どんなことが取り上げられやすいのか？

マスコミが飛びつくネタ3つの条件
「新奇性」「時節性」「映え」

大手新聞やテレビ、ネットニュースなど、速報性（素早く報道すること）を重視するメディアは、新しくて珍しい「新奇性」や「時節性」、「映え（写真、映像）」の要素が入っているニュースネタを取り上げやすい傾向にあると思います。

「新奇性」は、「ニュース性が高くなる要素」の図で言うところの「新規性」と「希少性」、または「新規性」と「意外性」を足したような感じです。

「時節性」は、「季節性」、「トレンド性」、「国策への合致性」のどれかのニュアンスです。

次の項から、実際にマスコミで取り上げられた事例を見てみましょう。

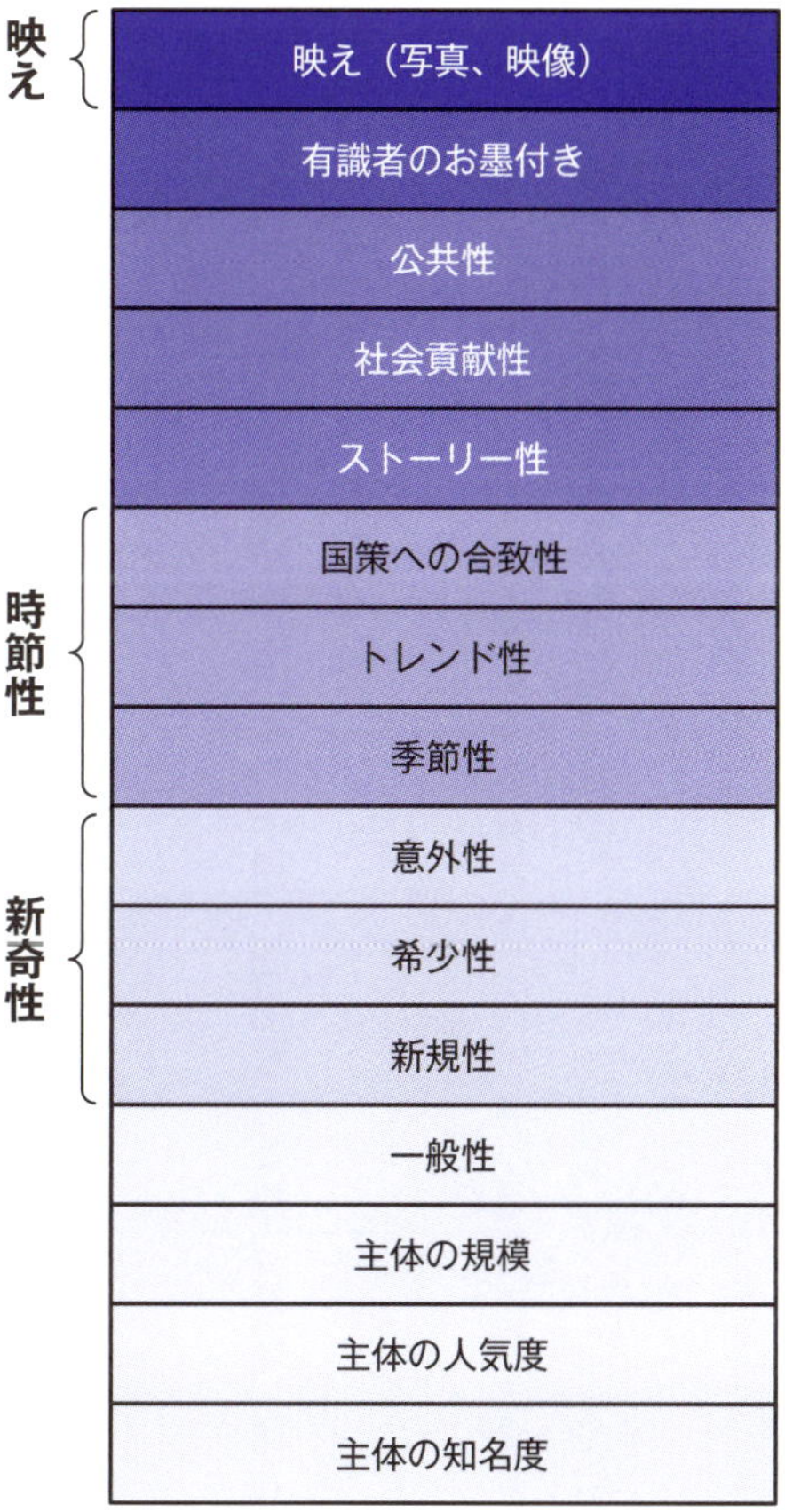
映え
映え（写真、映像）
有識者のお墨付き
公共性
社会貢献性
ストーリー性
時節性
国策への合致性
トレンド性
季節性
新奇性
意外性
希少性
新規性
一般性
主体の規模
主体の人気度
主体の知名度

【新奇性】 新しくて珍しいネタ

〈例〉「感じた価格で客室提供」 ストリングスホテル東京

通常約5万7千円〜約6万4千円の部屋を、宿泊者が「サービスの価値に見合った金額を自分で決めて支払う」というもので、その金額は1円でも良いという企画です。

新しく物珍しいネタで、この企画のポイントは、宿泊費の負担以外は、ほとんど費用が掛からないところだと思います。

期間は7日間×3室ですので、通常料金約6万円×3室×7日間＝約126万円の損失ですが、おそらく1円しか払わない人は少ないでしょうし、マスコミで取り上げてもらったことによる宣伝効果を考えると、大成功の企画だと思います。

日本経済新聞　2004年3月25日付
「ストリングスホテル東京 客が料金決定 開業1年プラン」

ストリングスホテル東京

客が料金決定

開業1年プラン

ストリングスホテル東京（東京・港）は五月、顧客が料金を自由に決められる宿泊・食事プランを発売する。開業一周年に合わせた客数限定のプランで、顧客がサービスの価値に見合うと考える金額を支払う。

五月十七日から二十三日の期間限定で、宿泊は一日三室を用意。通常二人利用で約五万七千―約六万四千円（税金、サービス料含む）する部屋で、朝食や冷蔵庫の飲み物の利用も含む。レストランの食事はランチとディナーそれぞれ一日一組（計四人）限定。通常四千―一万四千円（税金、サービス料含む）相当のコースを提供する。両プランとも申し込みは五月六日から十一日までホームページで受け付け、抽選で当選者を決める。

顧客が支払う金額は一円でもかまわない。かわりに利用客に感想をアンケートで答えてもらい、今後のサービスに生かす。

〈例〉「オリジナルTシャツが作れる自動販売機」プラスワンインターナショナル

その場でデザインから印刷まで行える、Tシャツの自動販売機です。**普通のTシャツではなく、オリジナルのTシャツが作れる自動販売機であるところに、新奇性が強く感じられます**。珍しいものが買える自動販売機は、マスコミで度々目にします。例えば、バナナが買える自動販売機やカニが買える自動販売機、活カキが買える自動販売機などです。

以前、テレビ番組のディレクターの方とお話している時に「寿司」に関するネタは、テレビ番組で扱いやすいと言っていて、その理由は、「国民食であり、国民の関心が高いから」ということでした。

日本は、世界の中でも、自動販売機が多い国なので、自動販売機ネタは、マスコミに取り上げられやすいと推測されます。ニュースネタを企画する際は、まずは「自動販売機で売れないか？」と考えるのも良いと思われます。

おたくま経済新聞　2019年12月6日付

コミケ直前でも対応！その場で作れるオリジナルTシャツ販売機が渋谷に登場

update : 2019/12/6 19:52　企業・サービス　Tシャツ, グッズ, コミケ, 同人

冬のコミケットなどイベントが近づいた時点で、急にグッズが作りたくなるのは同人あるある。そんな時に強い味方になりそうな、その場でオリジナルデザインのTシャツを作れる自動販売機が、2019年12月12日から東京・渋谷でロケテストされることになりました。

出所：『コミケ直前でも対応！その場で作れるオリジナルＴシャツ販売機が渋谷に登場』（おたくま経済新聞）
（https://otakuma.net/archives/2019120608.html）

【時節性】季節や世の中の情勢にあっているネタ

〈例〉「インフレ特別手当」サイボウズ

世界的なインフレを受けて、社員に最大15万円のインフレ特別手当を支給するというものです。

このニュースが流れた当時は、まだインフレが始まったばかりの頃で「インフレ特別手当」は、聞いたことがありませんでした。

インフレに合わせて給料を上げるだけでは、ニュースにならなかったかもしれません。**マスコミに取り上げられた要因は、①「インフレ特別手当」というネーミングが良かったこと、②他の企業がそのような取り組みを始める前に先駆けて発表したことにあると考えられます。**

手当を出すなら、その時の世の中の情勢に合わせたネーミングを付けて支給すると、マスコミから取材してもらえる可能性が高まると思います。

日経ＭＪ　2022年7月22日付
「サイボウズが「インフレ手当」支給」

サイボウズが「インフレ手当」支給

サイボウズは、「インフレ特別手当」を社員に支給すると発表した。契約社員などを含め、直接雇用する社員に7～8月の間に特別一時金として支払う。国内勤務者への支給額は6～15万円で、1カ月当たりの勤務時間によって変わる。

海外勤務者はインフレ状況や税金などを加味して現地で金額を決める。半年ごとに給与改定している一部の海外拠点は対象外とした。

電気代や食料品価格が上昇するなかで、社員が生活に不安を抱かず業務を行えるよう支給を決めた。同社は基本的に毎年1月に給与を改定しているが、インフレに早急な対応が必要と判断した。

インフレ状況など加味した特別一時金を支給する

〈例〉「恒例の『靴磨き入社式』」コロンブス

靴磨き入社式は、先輩社員が新入社員の靴を磨いて技を伝授し、それを学んだ新入社員が先輩社員の靴を磨くというものです。新入社員が自社の製品に触れることで、社会人として、また社員としての自覚を深めるとともに、先輩社員との交流をはかることを目的としているそうです。

この入社式は、入社シーズンの風物詩として定着しており、時節性に合致しているイベントです。

先輩社員が社会人になりたての新入社員の靴を磨く姿がとても絵・画になり、ニュース性を高めています。

鳥羽水族館の「水中入社式」やカヤックの「退職届を読む入社式」など、ライバルは多いですが、ユニークな入社式を考えて実施してみるのも面白いかもしれません。

ITmediaビジネス　2017年4月3日付

新入社員が先輩から伝授

恒例の「靴磨き入社式」　靴クリームのコロンブス

2017年04月03日 12時16分 公開　　[青柳美帆子，ITmedia]

印刷　見る　Share　B!　0

PR 次世代オフィスに「iiyamaディスプレイ」　建設コンサル企業の事例

PR AWS Innovate　9月26日開催！　4.5時間で学ぶモダナイゼーションの秘訣

PR AWSが「ガバクラ移行」を本気で支援　神戸市も使った“プロサービス”とは？

靴クリームや靴用品メーカーのコロンブスは4月3日、先輩社員と新入社員がお互いの靴を磨く恒例の「靴磨き入社式」を実施した。新卒社員4人、中途社員7人の合わせて11人が先輩社員から靴磨きを伝授され、ピカピカに革靴を磨き上げた。

コロンブスが恒例の「靴磨き入社式」を実施

同社は1901年（明治34年）に創業し、48年に現社名に改めた老舗靴用品メーカー。売上高は65億5000万円（2016年6月時点）。

靴みがき入社式は71年から始まり、今年で45回目。自社製品に初めての仕事で触れてもらい、会社への愛着を生み出すとともに、商品を使って新入社員と先輩社員にコミュニケーションしてもらうのが狙いだ。

出所：『恒例の「靴磨き入社式」靴クリームのコロンブス：新入社員が先輩から伝授』（ITmedia ビジネスオンライン）
（https://www.itmedia.co.jp/business/articles/1704/03/news077.html）

【映え】写真や映像として映えているネタ

〈例〉「カタツムリエステ」シーズ・ラボ

本物のカタツムリを顔に這わせることで、粘液などを直接肌に浸透させられるというエステです。

写真のインパクトが強く、ひと目でサービスの内容が伝わるようになっています。

新奇性を強く感じさせる例です。

また、このサービスの経費はカタツムリの購入費と飼育費くらいで、ほとんど経費がかかっていないところも、注目に値します。

日経MJ　2013年7月5日付
「カタツムリエステ」

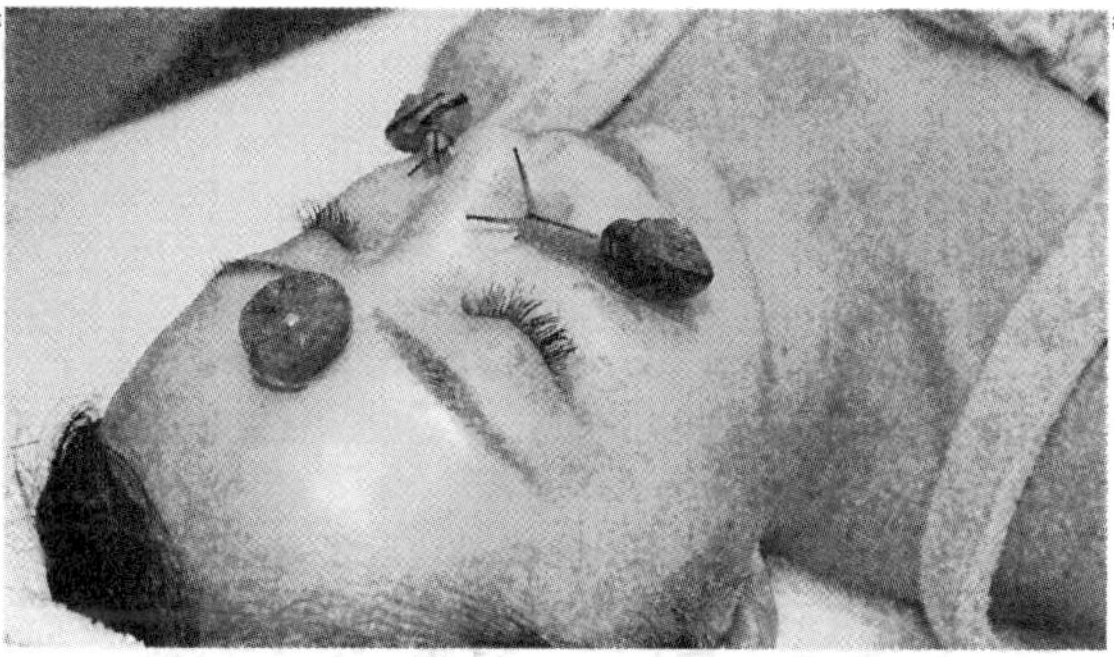

カタツムリを直接顔の上にのせるオプションを用意した

カタツムリエステ

ドクターシーラボ系

顔の上にカタツムリを載せませんか――。ドクターシーラボ系のサロン事業会社シーズ・ラボ（東京・渋谷）が15日に始める新メニューは、本物のカタツムリをはわせることで粘液に含まれる保湿成分などを直接肌に浸透させられるという。見た目はちょっとグロテスクだが、人気の「カタツムリエキス」の新美容法として話題を呼びそうだ。

保湿成分、直接肌に

カタツムリエキスは日焼けなどの肌の炎症の沈静化や古い角質の除去、保湿といった効果が期待される成分が入っている。今回始める「生カタツムリ体験」はカタツムリエキス配合のクリームを使ったエステ「セレブエスカルゴコース」（60分2万4150円）の前に受けられるオプション（1万500円）として用意した。

洗顔後にカタツムリを3～4匹、5分程度のせる。冷たいジェルマスクで顔面を冷やすことでカタツムリの活発な活動を促す。ぬるっとした感触に違和感はあるものの、しばらくすると顔の上のランダムな動きを楽しむ余裕も出てくるという。月間20人の利用を目指す。

〈例〉ＤＩＹを楽しめる専門店「tukuriba（ツクリバ）」プロトリーフ

東京都の世田谷区にオープンした、手ぶらでＤＩＹが楽しめる体験型ＤＩＹショップです。このショップには、開業からわずか1年の間に、テレビ番組の取材が10回以上も入っています。

今まで「ＤＩＹを手ぶらで楽しめるショップ」というものがなかったため、新奇性の強さもありますが、**「レポーターが体験してモノが完成するまでの画が面白い」ところが、テレビという映像メディアの取材を多く獲得できた理由だと考えられます**。

テレビに取材して欲しい場合は、常にどんな映像が撮れるかを意識してアイデアを考えてみましょう。

日経MJ　2015年2月23日付
「女性向けDIY専門店　プロトリーフ、東京近郊へ 2年で10店」

女性向けＤＩＹ専門店

プロトリーフ、東京近郊へ 2年で10店

園芸資材の製造販売を手掛けるプロトリーフ（東京・港、佐藤崇嗣社長）は、東京・二子玉川に女性向けのＤＩＹ専門店を開業する。オリジナル商品を販売するほか、小物入れなどが作れるスペースも併設する。売上高は年間8千万円を見込み、東京近郊を中心に2年で10店舗を目指す。

3月6日、玉川高島屋Ｓ・Ｃガーデンアイランド（東京・世田谷）に「ｔｕｋｕｒｉｂａ（ツクリバ）」として開業する。店舗面積は３３０平方㍍。デザイン性の高い塗料やワックス、女性でも握りやすいのこぎりなどオリジナル商品を多くそろえる。

「初めての女性でも始められるＤＩＹ」をコンセプトにレンタルスペースも併設。ホームページ上で予約すれば、材料を購入し、工具を借りて従業員の助言を仰ぎながら自分好みの雑貨を作れるようにする。利用料金は工具のレンタル料込みで1時間１０００円。30分ごとに５００円の延長料金がかかる。

従業員は主婦を中心に採用。初心者向けに道具の使い方や収納箱の作り方などを教えるワークショップも開催する。

マスコミが欲しがるネタ、3つの条件

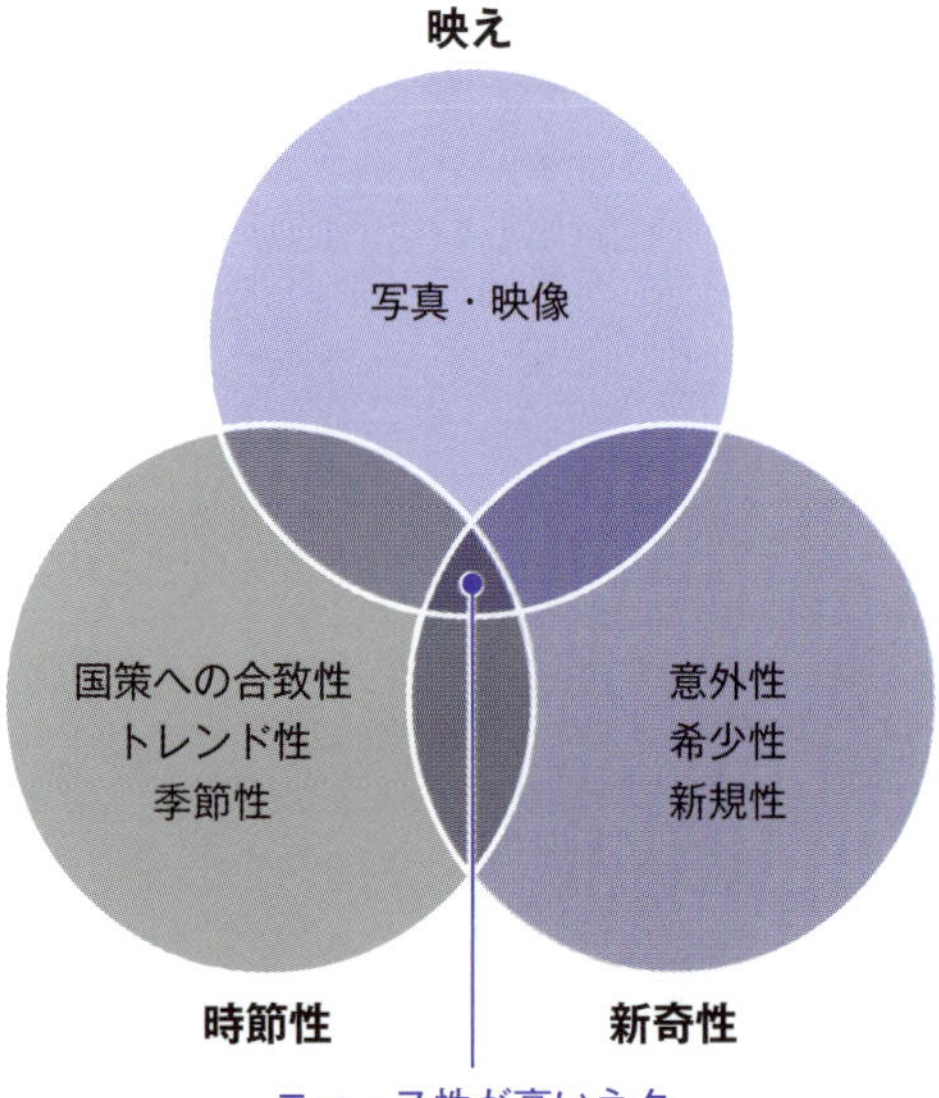

具体例	
「感じた価格で客室提供」	新奇性（新規性・希少性・意外性）
「オリジナルTシャツが作れる自販機」	新奇性（新規性・希少性・意外性）
「インフレ特別手当」	時節性（国策への合致性＋トレンド性）
「靴磨き入社式」	時節性（季節性）
「カタツムリエステ」	映え（写真・映像）
「DIYを楽しめる専門店」	映え（写真・映像）

6

第6章

ニュースネタをつくる裏ワザ4選

①アンケート調査を行って発表　設問10問×500名に聞く
【例】「嫁姑が仲良く暮らせる距離　25・7キロ」

PRは、「ニュースネタ」をマスコミに渡してニュースとして取り上げてもらう活動ですので、「ニュースネタ」がないと何もできません。

「PR活動をやりたいのに、ニュースネタがなくて困っている」。そのような企業は多くあると思います。

この章では、そのような「ニュースネタ」がない場合を想定し、ニュースネタをつくる方法をお伝えします。

一つ目は、アンケート調査を行い、結果を発表することです。この手法の利点は、ほとんどの企業で行うことができるところです。

アンケート調査を行い、結果を発表することで「社名」と「その会社のイメージ」

を多くの人に知ってもらうことができます。

例えば、「不動産情報サイト　アットホーム」を運営している会社では、住まいに関するアンケート調査の結果を多く発表しております。

その一つに、敬老の日を前に実施された、嫁姑が仲良く暮らせる理想の距離のアンケート調査というのがありました。これは姑と同居している嫁と別居している嫁、計600名に聞いた調査で、嫁と姑が離れて仲良く暮らす理想の距離の平均は、25・7キロというものでした。

この調査は、テレビや新聞など多くのメディアに取り上げられたので

「アットホームのプレスリリース」

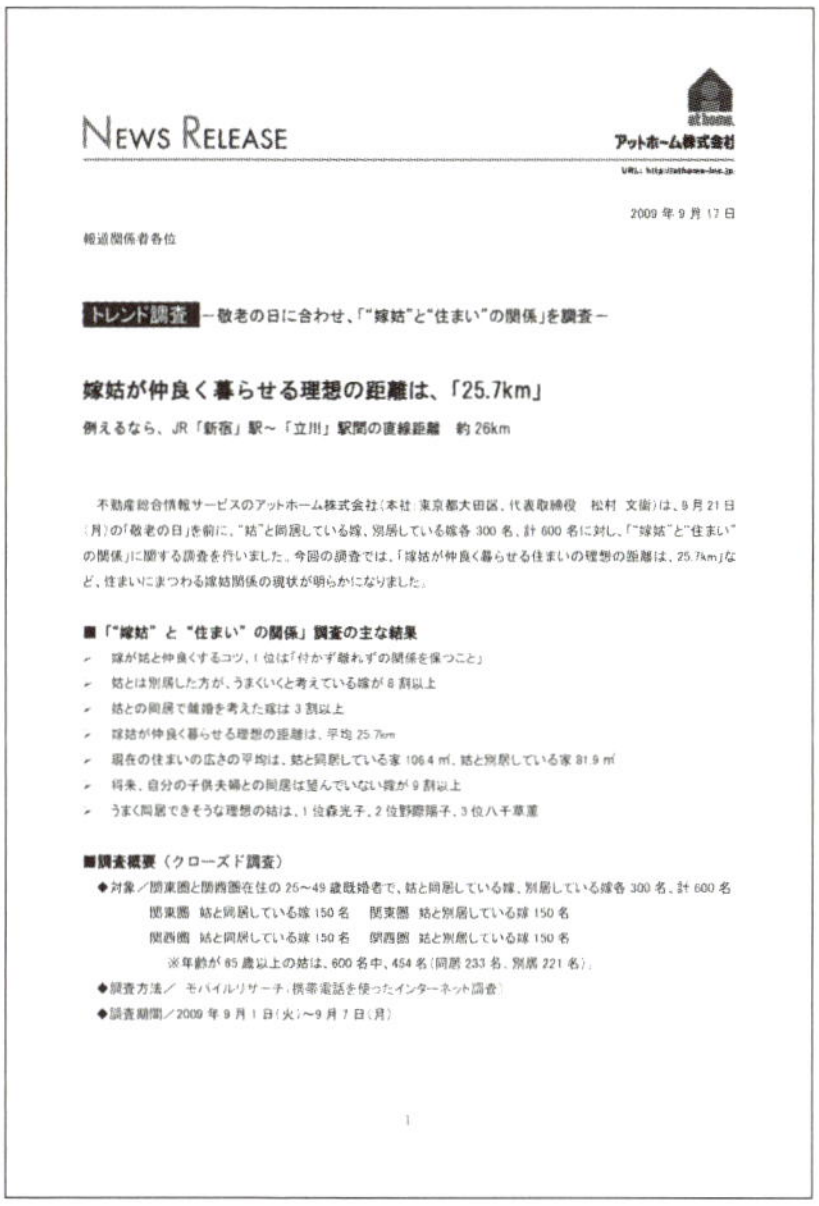

NEWS RELEASE

アットホーム株式会社

2009年9月17日

報道関係者各位

トレンド調査 ―敬老の日に合わせ、「"嫁姑"と"住まい"の関係」を調査―

嫁姑が仲良く暮らせる理想の距離は、「25.7km」

例えるなら、JR「新宿」駅～「立川」駅間の直線距離　約26km

不動産総合情報サービスのアットホーム株式会社（本社：東京都大田区、代表取締役　松村　文衛）は、9月21日（月）の「敬老の日」を前に、"姑"と同居している嫁、別居している嫁各300名、計600名に対し、「"嫁姑"と"住まい"の関係」に関する調査を行いました。今回の調査では、「嫁姑が仲良く暮らせる住まいの理想の距離は、25.7km」など、住まいにまつわる嫁姑関係の現状が明らかになりました。

■「"嫁姑"と"住まい"の関係」調査の主な結果

- 嫁が姑と仲良くするコツ、1位は「付かず離れずの関係を保つこと」
- 姑とは別居した方が、うまくいくと考えている嫁が8割以上
- 姑との同居で離婚を考えた嫁は3割以上
- 嫁姑が仲良く暮らせる理想の距離は、平均25.7km
- 現在の住まいの広さの平均は、姑と同居している家106.4㎡、姑と別居している家81.9㎡
- 将来、自分の子供夫婦との同居は望んでいない嫁が9割以上
- うまく同居できそうな理想の姑は、1位森光子、2位野際陽子、3位八千草薫

■調査概要（クローズド調査）

◆対象／関東圏と関西圏在住の25～49歳既婚者で、姑と同居している嫁、別居している嫁各300名、計600名
関東圏　姑と同居している嫁150名　関東圏　姑と別居している嫁150名
関西圏　姑と同居している嫁150名　関西圏　姑と別居している嫁150名
※年齢が65歳以上の姑は、600名中、454名（同居233名、別居221名）

◆調査方法／モバイルリサーチ（携帯電話を使ったインターネット調査）

◆調査期間／2009年9月1日（火）～9月7日（月）

1

出所：アットホーム株式会社『「"嫁姑"と"住まい"の関係」に関する調査』(2009年)
（https://athome-inc.jp/）

すが、取り上げられることで「アットホーム」の名前が広く報じられ、住まい関連の情報に詳しい会社だというイメージが伝わりました。

このように、マスコミに取り上げられるアンケート調査を行うコツは、

①「時節性」があって

②「新規性」（世の中にまだ出ていない）があり

③「一般性」があって興味深い（関心が高い）

調査結果を導き出すことです。

そのためには、**「こういう質問をしたらこういう答えが集まるのではないか？」という「仮説」を立てることが最も重要です**。

左のプレスリリースは、私の会社が実施した、話題づくりのために行ったアンケート調査です。当時、野田内閣の解散時期に関し「近いうちに国民に信を問う」という発言があったので、「近いうち」というのは実際に何日くらいの期間なのかを調査して、リリースとして発表したものです。

この時に立てた仮説は、「近いうちは●日」と具体的な数字で表すことができるのではないか、というものでした。

ですので、調査方法は、「1週間以内」「1ヶ月以内」などから選んでもらう「選択形式」ではなく、意図的に「フリーアンサー」にして何日かを答えてもらいました。そうすることで平均●日という具体的な日数を導き出しました。

「アンケート調査のプレスリリース事例」

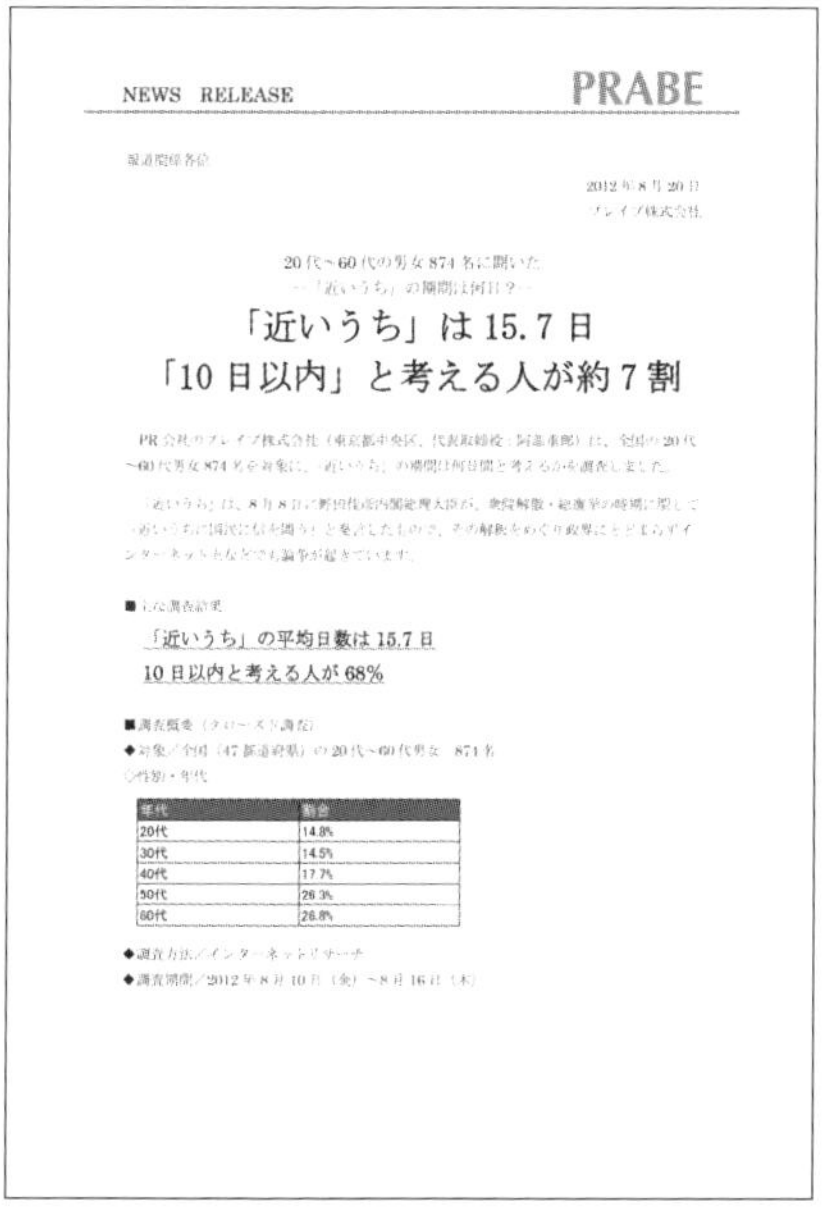
NEWS　RELEASE　　PRABE

2012年8月20日
プレイブ株式会社

20代～60代の男女874名に聞いた
―「近いうち」の期間は何日？―

「近いうち」は15.7日
「10日以内」と考える人が約7割

■主な調査結果
「近いうち」の平均日数は15.7日
10日以内と考える人が68%

■調査概要

年代	割合
20代	14.8%
30代	14.5%
40代	17.7%
50代	26.3%
60代	26.8%

◆調査方法／インターネットリサーチ
◆調査期間／2012年8月10日（金）～8月16日（木）

アンケート調査は、ネットで検索しても多くの事例を見つけることができます。ロート製薬が「子供の目」に関する調査を行ったり、ロッテが「バレンタイン」に関する調査を行うなど、様々な企業が、アンケート調査を用いたPR活動を行っています。

例えば、「近いうちは何日？」というような調査は、時間を扱う時計メーカーやカレンダーを作っている会社などが行うのもアリかもしれません。

このように、**アンケート調査を用いたPRの目的は、企業名の認知度向上とイメージの訴求が主ですが、何かの世論を導き出したい時にも有効です。**

例えば、シニア向けのスマートフォンの発売前に、シニア向けにアンケート調査を行い「スマートフォンを使いにくいと思っているシニアは9割」といった結果を発表したり、音が静かな掃除機を発売する前に「夜に掃除機をかけたいOLは3割」といったことを公表する感じです。その場合は「実は●●だ」ということを調査によって顕在化させることが重要です。

マスコミで調査結果が取り上げられる時は、面白い調査結果1問か、多くて2、3問です。ですので、**アンケート調査を使ったPRを行う際の設問数は、予備の質問も含めて10問くらいで大丈夫です。**

何人に聞く必要があるのかを、マスコミの人に尋ねてみたところ、「500名以上のアンケートの方が、信ぴょう性が高くて扱いやすい」と言われました。

インターネット調査会社に設問10問で500名に答えてもらうアンケート調査を依頼しますと、費用は30万円程度です。

社名やイメージの訴求、世論の啓発などのため、アンケート調査を実施してみてはいかがでしょうか?

②少し改善！新業態に転換したことをニュースに

【例】立ち食い寿司「築地　鉢巻太助」

ニュースネタをつくる方法の2つ目は、少し改善して新業態に転換することです。

「新規事業の成功確率は千三つ」などと言われているので、「ニュースネタをつくるために気軽に新規事業の立ち上げなんてできないよ」と思われるかもしれません。

とはいえ、企業が成長・拡大していくためには、新規事業の開発が必要になってきます。

ここでみなさんにお伝えしたいのは、そんな時に、「その新規事業はマスコミの取材を獲得できそうか？」という視点を加えて欲しいということです。

新規事業の開発にあたって1番最初に考えるのは、「自社の資産・資源を活用できる場所は他にないか？」「既存の商品をこれまでと違ったお客様に売ることはできないか?」ということではないでしょうか。

毎日新聞2013年4月17日付 時事通信配信

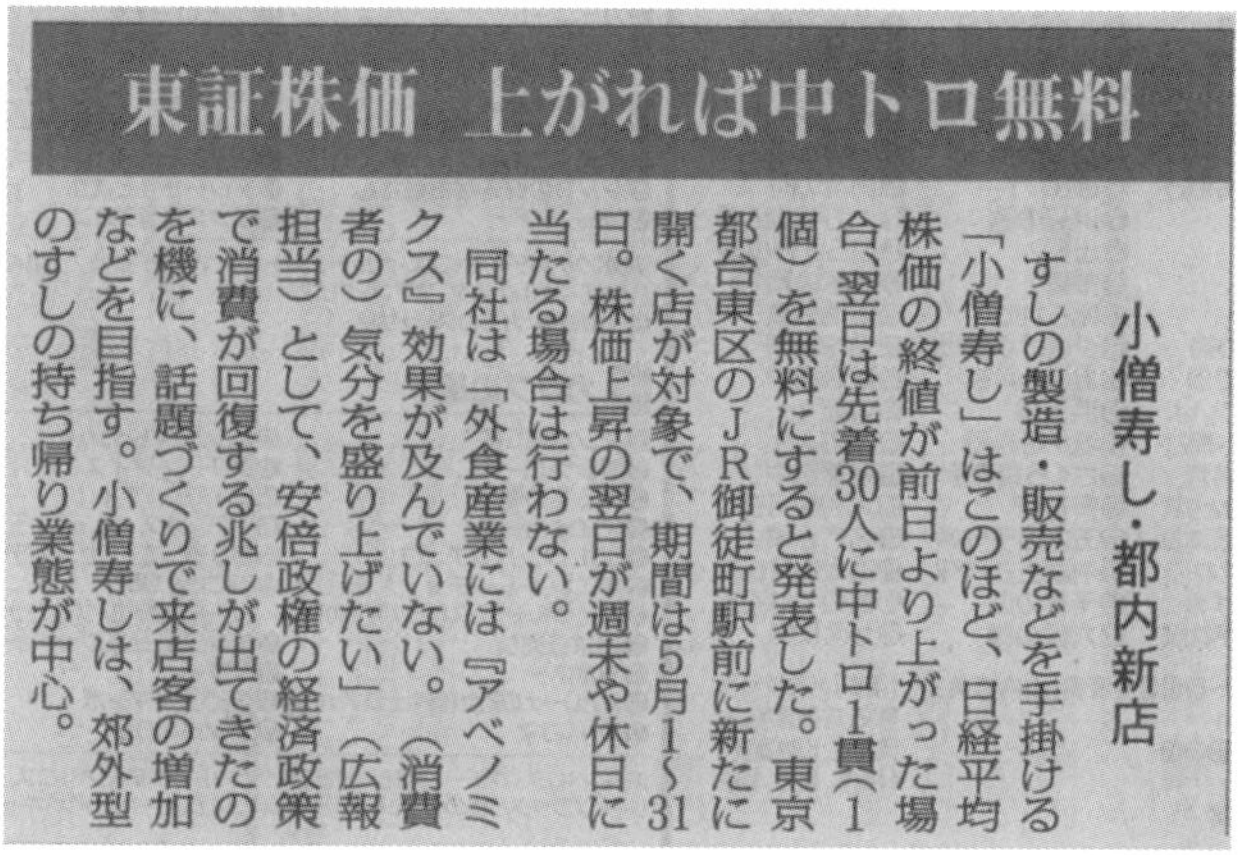

東証株価　上がれば中トロ無料

小僧寿し・都内新店

すしの製造・販売などを手掛ける「小僧寿し」はこのほど、日経平均株価の終値が前日より上がった場合、翌日は先着30人に中トロ1貫（1個）を無料にすると発表した。東京都台東区のJR御徒町駅前に新たに開く店が対象で、期間は5月1～31日。株価上昇の翌日が週末や休日に当たる場合は行わない。

同社は「外食産業には『アベノミクス』効果が及んでいない。（消費者の）気分を盛り上げたい」（広報担当）として、安倍政権の経済政策で消費が回復する兆しが出てきたのを機に、話題づくりで来店客の増加などを目指す。小僧寿しは、郊外型のすしの持ち帰り業態が中心。

そのような、少しの改善でマスコミ取材を多く獲得した事例をご紹介します。

郊外型の持ち帰り寿司を販売していた小僧寿しが、都心型のイートインタイプの店舗、具体的には、最大収容人数9名の立ち食い寿司店をオープンした事例です。

これまでの小僧寿しは、「お寿司」という商品を「郊外の主婦」を主なお客様としてテイクアウトで販売していましたが、「お寿司」という商品は変えずに、主なお客様を「都心のビジネスマン」に変えて立ち食い寿司として提供しました。

この立ち食い寿司をオープンした時期は、当時の安部首相の金融政策がアベノミクスと言われ始めた頃で、これまで停滞していた株価が大幅に上がることが連日ニュースとなっていました。

そんな「世の中の景気が段々と良くなるぞ」という雰囲気の中で、少しだけ贅沢をする「プチ贅沢」という言葉がニュースなどで使われ始めていました。

そんな「プチ贅沢」という「時節性」に合わせ、持ち帰り寿司よりも少し贅沢な立ち食い寿司店を寿司店激戦区の御徒町にオープンし、開店から3日間、日経平均株価が上がった翌日は、先着30名の方に中トロをサービスするキャンペーンを実施しました。

この新業態という「新規性」と立ち食い寿司店という「一般性」のある事業で、日経平均株価の動きという「時節性」を絡めたキャンペーンを行うことで、テレビ番組約20番組から取材され、大々的に報じられ人気店となりました。

新規事業開発のフレームワークに「マスコミ視点」を加え、「自社の資産・資源を活用できる事業はなにか?」「既存の商品をこれまでと違ったお客様に売ることはできないか?」と、まずは考えてみてはいかがでしょうか?

③自社の商品を読者プレゼントとしてマスコミに提供3千円相当×5名分くらい

【例】「田舎暮らしの本」

ニュースネタをつくる方法の3つ目は、自社の商品やサービスをマスコミに「読者プレゼント」として提供することです。

ＰＲは、「ニュースネタ」をマスコミに渡して取り上げてもらう活動ですが、ここでご紹介するのは、多くのマスコミが持っている「読者プレゼント」という「コーナー」向けの情報を提供して、取り上げてもらうことを狙う手法です。

基本的には、新聞、雑誌、ネットニュースの読者プレゼントコーナーを狙います。テレビにも視聴者プレゼントはあるのですが、ほとんどが広告を出した企業が優先されますので、広告を出していない企業が取り上げてもらえる可能性は低いです。

マスコミによって基準は異なりますが、読者プレゼントとして取り上げてもらいやすいのは、多くの人が欲しいと思うような、**写真映えのする3000~5000円く**

らいのものです。数量としては、５～10名分ほど用意すれば十分です。

読者プレゼントの例としては、左のようなものが挙げられます。

「読者プレゼントの例」

『田舎暮らしの本』2024年12月号（宝島社）

プレスリリースのタイトルには、「プレゼントする商品名」と「何名にプレゼントするか」を明記します。

次に、最初の段落には、「●●を記念してプレゼントをする」ということを明記します。

プレゼントコーナーには、プレゼント商品の説明以外の情報を載せられるスペースがあることが多いので、**「新発売を記念して」や「●●キャンペーンの開催を記念して」「商品のヒットを記念して」「リニューアルを記念して」など、訴求したいことを書きましょう**。

ほとんどの場合、プレゼントコーナーに載る写真は、プレゼントする商品の写真1枚です。写真は、ダウンロードできるようにして、短縮URLを明記しましょう。

二段落目には、商品の情報を詳しく明記します。

最後に、プレゼントの企画概要として「プレゼント商品」と「価格」、「プレゼント数」、「応募方法」、「応募先」、「応募締切」を明記します。

「応募先」は、マスコミの編集部宛となる場合もあるのですが、自社宛てや郵便局留めなど、マスコミ以外を設定しておくと、取り上げてもらえる可能性が高くなります。

「読者プレゼントプレスリリースの雛形」

<読者プレゼントのご案内>

20●●年●月

「●●●●●●●●●(商品名)」を読者５名様へプレゼント

●●株式会社(社名)は、●●●を開始します(伝えたい内容)。
これを記念して、貴紙・誌・サイト読者５名に「●●●●●●●●(商品名)」をプレゼントします。

プレゼント商品の写真

「●●●●●●●●(商品名)」
(画像ダウンロードURL:https://●●●●●●)

プレゼント商品「●●●●●●●●」は、●●です(プレゼントの説明)。
●●●(プレゼントの商品の説明を詳しく)。

プレゼント企画概要

プレゼント商品　:「●●●●●●●●」(●●●●円(税込)相当)
プレゼント数　:貴紙・誌・サイト読者５名
応募方法　:官製ハガキに、郵便番号、住所、氏名、年齢、職業、電話番号を明記の上、下記応募先までご応募ください。
応募先　:貴紙・誌・サイト編集部 または、
〒●●●-●●●●
●●●●●●●●●●●●●●●●
「●●●●●●●(商品名)」プレゼント(　　)係
カッコ内に貴紙・誌・サイト名を入れて下さい。
応募締切　:20●●年●月●日(●)消印有効以前であればいつでも結構です。

読者プレゼントに関する報道関係者様のお問い合わせ先
●●株式会社(社名) 担当 :●●、●●
TEL:●●-●●●●-●●●● FAX:●●-●●●●-●●●● 携帯:●●●-●●●●-●●●●
メール: ●●●@●●●●.●● 所在地:〒●●●-●●●● ●●●●●●●●●●●●●●●●

なお、「カッコ内に貴紙・誌・サイト名を入れて下さい。」と明記してあるのは、複数のマスコミで取り上げてもらった場合に、どこのマスコミを見てからの応募かがわかるようにするためです。

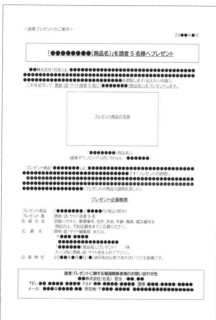

合が多いからです。

「応募締切」は、雑誌も狙いたいのであれば、リリースの配信日から3〜4ヶ月後に設定すると良いです。雑誌は、取り上げてもらえる場合でも、2ヶ月後以降となる場合が多いからです。

新聞だけ狙う場合は、2ヶ月後くらいを締切にするのが良いです。新聞は、早くて1週間後くらい、遅くて1ヶ月半後くらいの掲載となります。

最下部には、マスコミからのお問合せ先を明記します。

2ページ目には、返信用紙を添付しておくと良いです。ほとんどのマスコミの方は、取り上げる場合には返信用紙を送ってくれます。

返信用紙があると、マスコミが取り上げてくれる日が事前に分かります。

また、応募先がマスコミとなる場合に、「当選者への商品の発送はマスコミが行うのか」「当選者名の情報をもらって企業側で行うのか」等について、スムーズにやりとりができるようになります。

「読者プレゼントプレスリリースの返信用紙の雛形」

※プレゼント数に限りがあるため、お手数ですが、ご掲載いただける際は
下記ご記入の上、FAX かメールにてご返信いただきますよう、お願い申し上げます。

●●●●（会社名）●●（担当者名）宛
FAX：●●－●●●●-●●●●
メール：●●●●●@●●●●.●●

「●●●●●（商品名）」
読者プレゼント

貴紙・誌・サイト名：

貴社名：

お名前：

ご連絡先：　TEL

応募先：①貴編集部 宛　②応募事務局 宛

プレゼント発送者（貴編集部宛の場合）：
①貴編集部より発送　②応募事務局発送

ご掲載予定日：

ご連絡欄（ご要望等）：

④ギネス世界記録に載るイベントを行う今あるギネス世界記録に挑戦すると取材が増える

【例】「メロンパンがギネス世界記録に挑戦」道の駅常総

ニュースネタをつくる方法の4つ目は、ギネス世界記録に挑戦することです。

左の記事は、茨城県常総市の「道の駅常総」内にあるベーカリー「ぼくとメロンとベーカリー。」が9時から17時の間、「8時間で最も多く売れた焼きたて菓子パンの数」でギネス世界記録に挑戦するという記事です。

ギネス世界記録は、世界中からあらゆる世界一を収集し、公に認定する組織です。世界記録のデータベースに登録されている記録の数はおよそ6万6千件（2024年2月時点）あります。

ニュース性の要素から見ますと、世界一が生まれるという「新規性」と「希少性」の要素があります。また、「映え（写真、動画）」の要素もあります。

「どんな記録に挑戦したら良いのか分からない」という方は、ギネスワールドレコーズジャパン株式会社のウェブサイトから無料相談ができますので、まずはそちらを試してみるのが良いでしょう。

CAR GoodsPress　2024年4月23日付

"道の駅常総"でギネス世界記録達成!? 5月4日に一番人気の「メロンパン」がギネス世界記録に挑戦します!

ドライブ・レジャー　SA/PA・道の駅　おでかけ

茨城県常総市の「道の駅常総」内にあるベーカリー「ぼくとメロンとベーカリー。」では、2024年5月4日(土)の9時から17時の間、「8時間で最も多く売れた焼きたて菓子パンの数」でギネス世界記録に挑戦する。

出所：『"道の駅常総"でギネス世界記録達成!? 5月4日に一番人気の「メロンパン」がギネス世界記録に挑戦します!』(CAR GoodsPress)(https://cargoodspress.jp/goout/7944/)

なお、ギネス世界記録の文言やロゴは登録商標ですので、ご注意ください。ギネス世界記録に挑戦したり、プレスリリースを配信したり、ウェブサイトで公表したりする場合には、有料のライセンス契約を結ぶ必要があります。

ギネス世界記録に挑戦すれば、必ずマスコミに取材されるとは限りません。

いくらギネス世界記録の「希少性」が高いと言っても、記録の種類には様々なものがあり、マスコミが取材しやすいものもあれば、そうでないものもあります。いかにも「企業の宣伝のためにやってます！」という雰囲気のものは、やはり取り上げられにくいです。

そこで、**オススメしたいのが「世の中に訴求したいこと」＋「ギネス世界記録」でネット検索するという方法です**。

例えば、「コーヒー」に関する新商品を発売するのであれば、「コーヒー」＋「ギネス世界記録」と検索します。

すると、過去のコーヒー関連のギネス世界記録が見つかりますので、その中に「自分が挑戦してみたいもの」や「記録を更新できそうなもの」がないかを考えます。このようにして探していけば、「宣伝のために」選ぶことにはならないので、マスコミに敬遠されがちな「宣伝のための挑戦」になる可能性は下がります。

新規の記録タイトルで挑戦するよりも、過去の世界記録の更新に挑戦した方が、マスコミに取り上げられてもらえる可能性は高まると思います。過去に樹立された記録を更新する方が難易度が高く、達成した場合の希少性が際立つからです。

ニュースネタをつくる4つの方法

①アンケート調査を行い、結果を発表する

- 「社名」と「その会社のイメージ」を、多くの人に知ってもらうことができる。
- コツは、「時節性」「新規性」「一般性」がある調査結果を導き出すこと。

②少し改善して、新業態に転換する

- 新規事業を立ち上げる際、その事業はマスコミの取材を獲得できそうかを考える。
- 自社の資源などを「これまでとは違う形で活用できないか」検討してみる。

③自社の商品等を、読者プレゼントとして提供する

- 「読者プレゼント」という「コーナー」向けの情報を、マスコミに提供する。
- 写真映えのする3000～5000円くらいのものを、5～10名分ほど用意する。

④ギネス世界記録に挑戦する

- 「世界一が生まれる」という点で、「新規性」と「希少性」がある。
- まずは、「世の中に訴求したいこと」+「ギネス世界記録」で検索してみる。

第7章
ここで差がつく！いつまでもおいしい、マスコミ2次利用の極意

マスコミに出たら終わりじゃない。使用許可を取って、ホームページ・会社案内に掲載しよう

マスコミに取り上げられたら、まずは、自社のウェブサイトやSNSに「メディア名」と「記事が公開された日」「記事タイトル」を記載し、記事のリンクを張って内外に告知しましょう。

ただし、新聞、雑誌、ウェブで掲載された記事や、テレビで放送された映像は、それらを制作したマスコミやテレビ局が著作権を持っています。

どこまでが無料でどこからが有料かは、メディアによって違いますので注意しましょう。

例えば、日本経済新聞社の場合は、「メディア名」と「記事が公開された日」「記事タイトル」と「記事のリンク」は、日本経済新聞社が定める「リンクポリシー」とい

「自社サイトでの告知例」

WEALTH LEAD
ウェルスリード

TOP　事業案内　経営理念　会社概要

お知らせ, 新着情報

日本経済新聞社3/10朝刊及び電子版に弊社の取り組みが掲載されました！

日本経済新聞3/10朝刊・金融経済面および電子版に、「投資助言会社、商品仲介も 資産形成で初の一貫提供」とのタイトルで弊社の取り組みが掲載されました。ぜひご覧ください。

掲載記事（電子版）『投資助言会社、商品仲介も　資産形成で初の一貫提供』

URL：https://webreprint.nikkei.co.jp/r/3F71C7F1182442628EBE9697CD982277/

出所：株式会社WealthLead　HP
（https://www.wealthlead.co.jp/news/4836/）

うものに反していなければ、無料で告知できます。

　この場合、「記事のリンク」をクリックしても、日本経済新聞の電子版の有料会員でないと、途中までしか記事が読めません。

　もっとも、２次利用で記事利用の権利を購入すれば、記事のリンクＵＲＬを日本経済新聞社に発行してもらい、ＰＤＦ形式の記事が見られるようになります。

　その費用は、記事１本に

つき、1年で3万5750円（消費税込）です。日本経済新聞電子版のサイトに「記事利用」というページがあり、そこから見積りや申し込みができますので、確認してみてください（2023年10月現在）。

広告活動と違い、マスコミに取り上げてもらった記事や映像が何度も取り上げてもらえるということは、（テレビの再放送などがない限り）基本的にありません。なので、マスコミに取り上げられたことが忘れられてしまわないよう、工夫していく必要があります。

マスコミのホームページの中に、「記事の利用について」などと2次利用のページが用意されているケースが多いです。

そのようなページがない場合は、マスコミの代表に電話をして「取り上げてもらった記事（または映像）を2次利用したいのですが」と言って、知的財産の管理を担当している部署にまわしてもらい、権利の購入について問合せてみましょう。

その他、取材時に記者の許可を取り、インタビューや取材をしている様子を撮影し、その写真を公開しましょう。

ただし、テレビ取材でアナウンサーや芸能人が絡んでくる場合は、顔が写っていると使用できない可能性が出てきますので、顔が映らないように背中越しから撮影することをオススメします。

これらの記事や映像、撮影風景などを、ウェブサイトやSNS、販促用のチラシやパンフレット、セミナーや研修などで活用していきましょう。

マスコミに出た実績があれば、他のマスコミも取材しやすくなる

プレスリリースを受け取り、そのネタに興味を持ったマスコミは、企業のウェブサイトをチェックする可能性が高いです。

その際に、**会社が過去に取り上げられた新聞や雑誌、ウェブサイトの記事が載っていると、取材対象として考えてもらいやすくなります**。他のマスコミも取り上げているということで安心するからです。

また、以前に取材を受けているということは、マスコミの取材に対して好意的な会社で、自分たちの取材も受けてもらえる可能性が高いと考えます。つまり、取材の依頼がしやすくなるのです。

ホームページ上でのプレスリリース公開は、タイミングが重要

自社のプレスリリースをホームページ上に公開しておけば、特集を考えているマスコミの目にとまり、取材依頼がくる可能性があります。

ただし、ホームページにプレスリリースを公開する際には、タイミングに注意する必要があります。

私は、「自社ホームページでのプレスリリースを公開するタイミングは、発表日（リリースを配布した日）の翌日の午後が良い」と考えています。

というのも、記者クラブには各マスコミごとに棚があり、そこにプレスリリースが配布されるようになっているのですが、ある時、179ページの写真のような光景を目にしました。

この写真は、某記者クラブの、あるマスコミの棚を撮影したものですが、そこには「同日に貴HPに掲載されるリリースは投函不要です。」と書かれています。

これは「その日のうちにホームページ上で公開されるプレスリリースは、いらない」という意味です。

マスコミは、世の中に出ていない「新規性」のある情報を、いち早く世の中に公表したいと考えています。そのため、ホームページにすでにそのニュースネタが掲載されていては、都合が悪いのです。

そこで、私は、マスコミでの掲載を重視するのであれば、新聞紙面に掲載されるのが翌日の朝刊と考え、自社ホームページにプレスリリースを掲載するタイミングは、プレスリリースを配布した翌日の午後が良いとお伝えしています。

プレスリリースの配信サービスを利用している場合も、注意が必要です。**プレスリリースの配信サービスでは、「マスコミの人しか見れない」ようにできる機能がある**

ので、それを活用することをオススメします。

このような機能を使って「マスコミ限定公開」にしておかないと、配信サービスのウェブサイト上にすぐにプレスリリースが公開されてしまいます。

そうなってしまうと、速報性・新規性を重視しているマスコミのそのプレスリリースに対する興味は、低くなってしまいます。

「某マスコミからの注意書き」

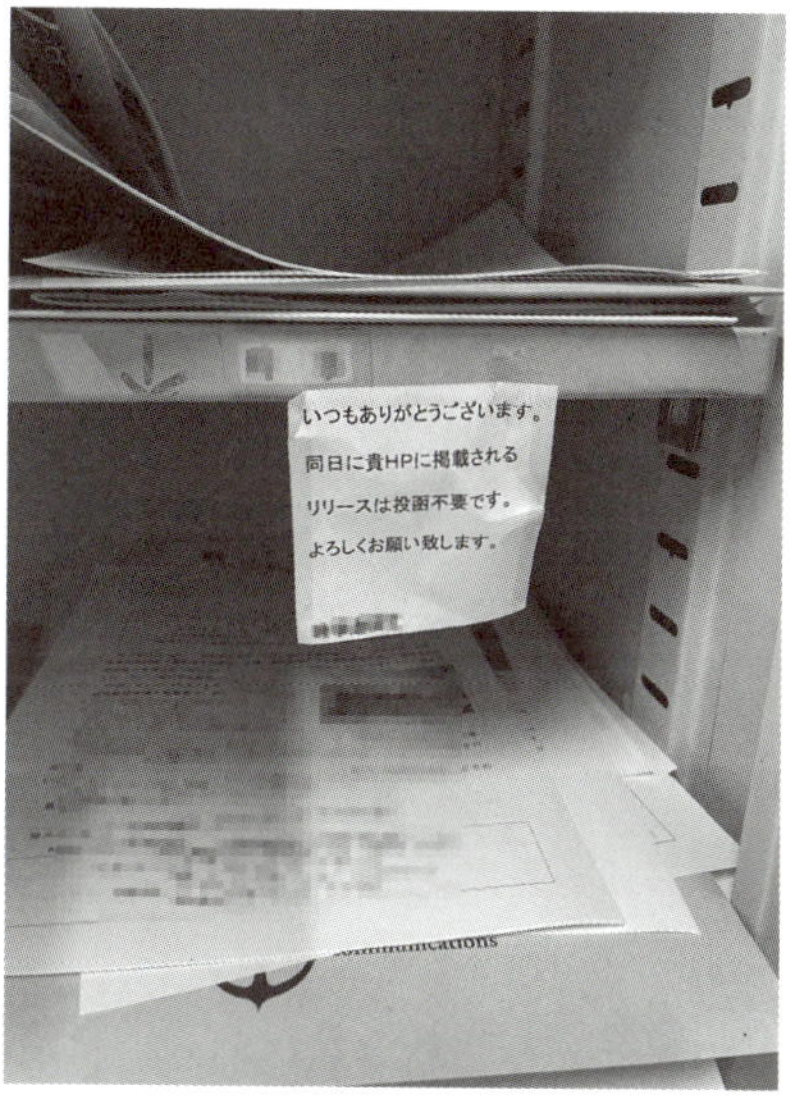

マスコミに出た実績を販売店に見せて、販路開拓をしよう

マスコミに取り上げてもらった記事（または映像）は販路開拓にも活用しましょう。

マスコミの許可を取るか、または新聞を何部か購入し、そのまま見せれば著作権侵害にはなりませんので、マスコミの許可なく営業に活用することができます。

マスコミに取り上げられれば、顧客からの社会的評価が高まり、取引先からの信頼性も向上するため、新規受注を獲得できる可能性が上がります。

企業によっては、新商品や新店舗、新規事業のスタートが半年後であったとしても、あえて早めにプレスリリースを書いて発表し、取り上げてもらった記事を活用して販路開拓や人材採用に活用しているケースもあります。

マスコミに出た実績を社内に共有して、モチベーションを上げてもらおう

社員は、マスコミの報道を通じて伝えられる自社の情報に、強い影響を受けます。なので、**「自分の会社がマスコミにポジティブな形で取り上げられた」ということが社内で知れ渡れば、前向きな姿勢で仕事に取り組む人が多くなります。**

自分の会社は、新聞やテレビ、ネットニュースに取り上げられる会社だという自負も生まれます。

また、人材採用の点からも、信頼性の高い企業、勢いのある企業として見られ、有利に働きます。ホームページの採用ページや会社紹介にも積極的に活用しましょう。

マスコミ2次利用の極意

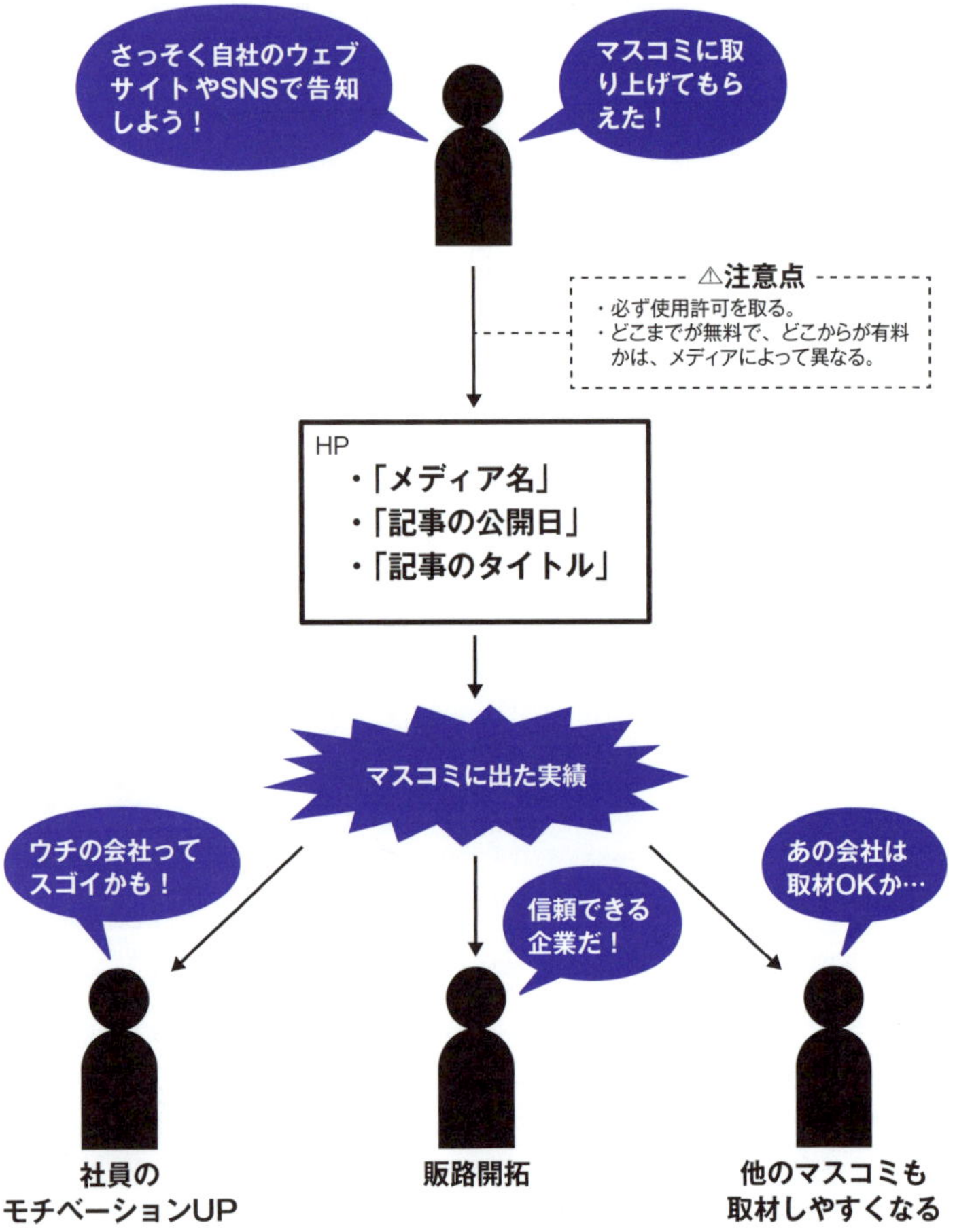

第8章
やっぱり効果絶大！マスコミに取り上げられて売上が劇的に伸びた事例集

「がっちりマンデー!!」（TBS）に出て売上10倍「男前アイロン」

マスコミに取り上げられて、売上が伸びた事例を見ていきましょう。

石崎電機製作所が2012年3月に発売した「男前アイロン」。こての温度が高温の210℃に達するまでわずか90秒。価格は1万1000〜1万6000円で、一般的なコードレス型に比べて倍以上するにもかかわらず、一時は生産が追いつかないほどの売れ行きでした。

石崎電機製作所は、電熱製品の製造販売・輸出入などを行う昭和3年創業の老舗メーカー。創業時は「電気はんだこて」を製造していましたが、次第にヘアドライヤーやコーヒーメーカーなどのリビング・キッチン製品なども開発・生産するようになり、2012年には大ヒット商品である「男前アイロン（家庭用スチームアイロン）」を生み出しました。この「男前アイロン」の大ヒットは、マスコミに取り上げ

日経ＭＪ　2012年２月29日付
「男の家事 一生モノで　石崎電機製作所の「男前アイロン」」

男の家事 一生モノで

この一品

石崎電機製作所の「男前アイロン」

男性にも使ってもらうことを想定したシンプルで高性能な家庭用スチームアイロン「男前アイロン」。

業務用電熱機器メーカーが市販向け自社ブランド「シュアー」から発売。家庭用アイロンとして「本当に必要な機能」を絞り込み、しかも高性能で壊れにくい製品を目指した。デザインも「質実剛健」をテーマにした無駄のない形状で、金色一色、黒一色などカラーもシンプル。

コードレスでハイパワーの「ＳＩ－300ＬＭ」（１万6800円）、同じコードレスで価格を抑えた「ＳＩ－301Ｌ」（１万1550円）、コード付きでハンガーに掛けた衣類のしわ伸ばしもできる「ＳＩ－302Ｓ」（8400円）の３機種。いずれも業界最高クラスの立ち上がり速度を実現し、約

90秒で使用可能温度に達する。水タンクも約200ﾐﾘﾘｯﾄﾙと大容量。電源を切り忘れても自動で切れる機能（「302Ｓ」を除く）も付いた。

発売元は石崎電機製作所（東京都台東区、048・931・3110）。

＜担当者から＞

一生使い続けられるほど壊れにくく、しかも高性能でコンパクトなアイロンを狙った。もしも故障しても、交換部品が残っている限り修理を続けるので安心。部品が欠品した場合でも、当社の技術で対応できるものについては修理させていただくつもりだ。

アイロンがけは、消費者アンケートの「嫌いな家事」で常に上位にくるだけに、少しでも快適に短時間で済ませられるよう、立ち上がり速度にこだわった。また、水タンクは大容量で、給水回数が少なくて済み、大量の衣類をアイロンがけする際に便利だ。デザインもシンプルで、男性も手にとりやすいはずだ。

（リビンググループの小林康司さん）

られて売上が爆発的に伸びた典型例の一つと言えます。

当時のことについて書かれた記事『業界の常識を破った！自立自走エンジニアの底力』（リクナビNEXT・2012年11月14日）によると、石崎電機製作所は、はじめは、機能をセーブして価格の面で差をつける製品（いわゆる「廉価品」）としてアイロンの生産・販売をしていたようですが、その後、大手メーカーとの価格競争になり売上が大幅に落ちたのを契機に、綿密な市場調査を行って「男性ユーザーが多い」ことを突き止

めたそうです。ビジネスマンをターゲットに、出勤前に素早くかけられるよう温度上昇が早く、スチームも長く続く製品を作れば商機がある、とひらめいたそうです。

もくろみどおりの性能を実現するため、こて部分のアルミの厚さなどを調節し、頑固なしわも伸ばせるよう、スチームを集中して放出する専用穴も設けました。

商品名はインパクトを重視。取引先のバイヤーらが反対したそうですが「逆にそういう方が売れる」と押し切ったそうです。

発売当初は、思うように売れなかったとのことですが、日経ＭＪやＰＥＮ、Beginといった雑誌で取り上げられると、それを見たＴＢＳの朝の情報番組から取材が入り、放送後、欠品状態となるほど売れました。

その後、テレビ朝日のスーパーＪチャンネルでも紹介され、いくつかのテレビ番組で取り上げられた後、ＴＢＳの「がっちりマンデー!!」でも扱われました。

いわゆる報道の連鎖が起きて、結果として従来のアイロンの約10倍以上の10万台を超える実績を残しました。

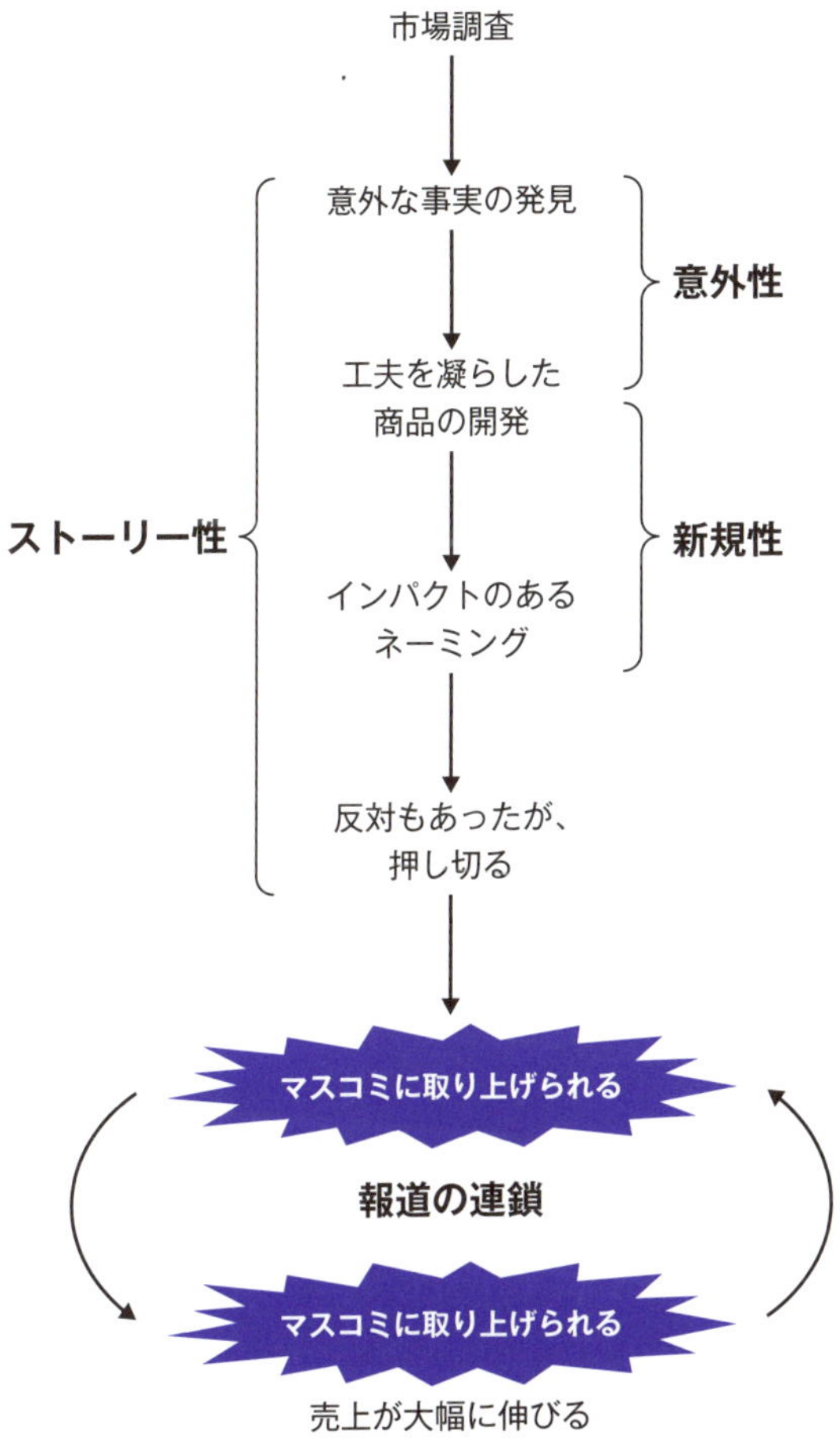
市場調査
意外な事実の発見
工夫を凝らした
商品の開発
インパクトのある
ネーミング
反対もあったが、
押し切る
意外性
新規性
ストーリー性
マスコミに取り上げられる
報道の連鎖
マスコミに取り上げられる
売上が大幅に伸びる

「マッコの知らない世界」（ＴＢＳ）に出て売上３倍「金のハンバーグ」

テレビ番組「マツコの知らない世界」（ＴＢＳ）で「セブン‐イレブンの知らない世界」と称して、２時間の特番で商品のこだわりが紹介されました。

その影響で、「セブンゴールド　金のハンバーグ」の売上が平均数量比で３・８倍を記録するなど、実際に影響があったとセブン‐イレブン・ジャパンが明らかにしました。

「マツコの知らない世界」紹介商品の放送日翌日の売上動向は次ページの表のとおりです。平均数量は放送の約２～３週間前の１週間の数字との比較です。

「マツコの知らない世界」（TBSテレビ）で紹介された商品の放送日翌日の売上動向	
紹介された商品	平均数量比
「味付き半熟ゆでたまご」	1.5倍
「煮込みハンバーグのロコモコ丼」	1.7倍
「セブンゴールド　金の食パン（さっくり）」	1.7倍
「セブンゴールド　金の食パン（しっとり）」	1.9倍
カップみそ汁「とうふとわかめ」	2.0倍
「レタスたっぷり！　シャキシャキレタスサンド」	2.0倍
「ふわとろ玉子のオムライス」	2.3倍
「ごろごろ野菜とソーセージのポトフ」	2.4倍
「金のおむすび　炭火で炙った紅鮭」	2.8倍
「オマール海老のビスク」	3.4倍
「セブンゴールド　金のハンバーグ」	3.8倍
「ツルっとのど越し！　彩り冷し中華」	4.2倍
「ワイン白」	7.0倍
「ワイン赤」	10.0倍

株式会社イード『RBB TODAY』:「マツコ恐るべし！ セブン-イレブン、放送後に売り上げ3倍超も」(https://www.rbbtoday.com/article/2015/03/26/129850.html)をもとに作成

「おはよう日本」（ＮＨＫ）に出て売上10倍「レインポップ」

カゴメディアが２０１１年に発売した、シリコーン製の傘専用アクセサリー「レインポップ」。傘の柄の先端に装着することで、場所を選ばずどこにでもピタッと引っ掛けられるというものです。発売当時の価格は３１５円（税込）で、２０１１年の発売から２０１６年までの５年間で累計１００万個を販売しました。

レインポップのプレスリリースをマスコミへ渡していく戦略は、プレスリリースを日本経済新聞社の記者だけに先に渡すことで、まずは日経ＭＪでの掲載を狙うというものでした。

日経ＭＪはテレビ番組の制作担当の方がよく見ている新聞（情報源）ですので、日経ＭＪでの掲載を狙い、そこからテレビ番組で扱ってもらうことを想定していました。

理想的なスケジュールは、発売日が2月の下旬でしたので、その２ヶ月半前の11月初旬に日経の記者に情報を提供して、11月中〜下旬に日経MJまたは本紙で記事掲載をして頂き、記事掲載後に日経以外の新聞、テレビ、雑誌、ウェブなどのメディアに配信していくというものでした。

雑誌は、1ヶ月に1回発売されるものが多いので、ざっくりですが、リリース配信

「レインポップ」

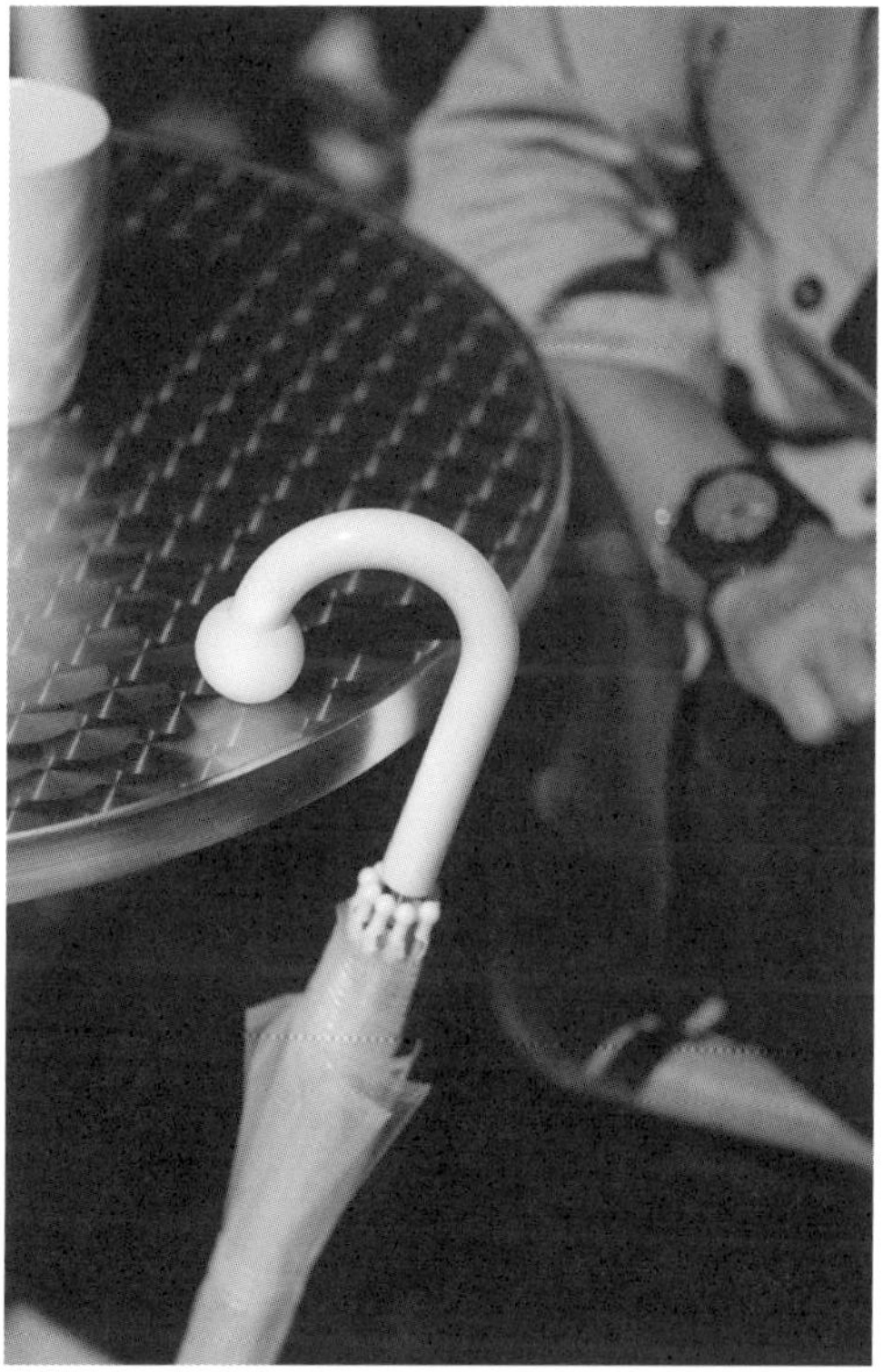

から2ヶ月後の1月以降の掲載になると考えていました。

商品の発売直前、直後でメディアに多く取り上げられることを狙い、スケジュールを組み立てました。

11月の初旬に予定通り日経の記者の方だけに、まずはリリースをお渡ししました。その際、**日経の記者の方には、11月下旬には、他のマスコミにも一斉にリリースを配信するので、「できればその頃までに記事化していただけたら…」とお願いしました。**

とはいえ、PRは、費用を支払う広告とは違い、あくまで「情報提供活動」なので、主導権や編集権は、マスコミ側にあり、お願いしたからといって、そのとおりに取り上げてもらえるわけではありません。

11月の初旬に日経の記者の方にリリースをお渡しし、時が経ち…11月下旬になりましたが、日経での記事化は実現しませんでした。

そもそも、なぜ発売の2ヶ月半前に日経の記者にリリースを渡したかと言いますと、雑誌は、リリースを渡してから掲載までに2ヶ月以上かかることが多いためでした。

想定していたスケジュール

11月初旬	日経の記者に先行独占リリース提供
11月中～下旬	日経MJで掲載
	日経以外のマスコミにリリース配信
	新聞・ウェブ掲載
1月中～下旬	雑誌掲載
2月上～中旬	テレビで取り上げ
2月25日発売	発売

そのため、カゴメディアの社長と話し合い、雑誌はあきらめて、発売1ヶ月前の1月下旬まで、日経で記事化されるのを待つことにしました。

しかし、待てど暮らせど記事にはならず、結局1月下旬も過ぎてしまいました。

そこで、日経での掲載はあきらめ、**日経以外のマスコミに一斉にリリースを送信し、発売前の記事化を狙う作戦に変更しました**。

その結果、いくつかのネットニュースで取り上げてもらうことはできましたが、当初予定していた「発売前後に記事掲載を集中させ、テレビ番組でも取り上げてもらう」という流れにはもっていくことができませんでした。

実際のスケジュール

11月初旬	日経の記者に先行独占リリース提供
1月下旬	リリース配信
	ウェブ掲載
2月25日発売	発売
3月2日	日経MJで掲載
3月10日	朝日新聞　夕刊で掲載
5月上旬	テレビ番組への直接プロモート
6月上～中旬	テレビ５番組で取り上げ

ところが、発売後の3月2日に、なんとあきらめかけていた日経ＭＪに取り上げてもらえました。また、狙っていた朝日新聞夕刊のこれから流行しそうなモノを紹介する「ブームの卵」というコーナーでも3月10日に記事掲載してもらえました。

日経ＭＪでの掲載は、予定よりも遅れましたが、大手新聞で取り上げてもらった記事を片手に、ゴールデンウィーク明けの5月上旬に、梅雨の時期に合わせた「レイングッズ特集」狙いでテレビ番組を直接訪問して、プレスリリースと実際の商品を制作担当の方に渡して取り上げをお願いしました。

その結果、梅雨シーズンの6月に、ＮＨＫ「おはよう日本」をはじめとする、目標としていたテレビに5番組も取り上げてもらい、初年度約10万個を売上げ、PR活動としては大成功となりました。

この「レインポップ」のPR活動を振り返ってみますと、当初は発売前にマスコミに「ユニークな新商品」という「ニュース」として取り上げてもらうことを狙っていましたが、思う様には行きませんでした。

その後、**日経MJと朝日新聞夕刊で取り上げてもらったことをきっかけに、梅雨時期での「レイングッズ特集」という「トレンドを紹介するコーナー」狙いに切り替えて活動を行っていったのが功を奏し、テレビ番組での取材に至りました。**

ちなみに、その翌年には、蓄光素材を用いた「光るレインポップ」を発売し、梅雨の時期を中心にテレビ東京「ワールドビジネスサテライト」などテレビ9番組で取り上げられ、次年度は、10万個の売上を記録しました。

「ワールドビジネスサテライト」に出て売上7倍「グラスマスク」

2020年、コロナ禍で発売したメガネ・サングラス装着型のプラスチック製マスク「グラスマスク」の事例です。

こちらも一つ前の事例でご紹介した「レインポップ」を考案したカゴメディアが企画、製造、販売を行いました。価格は、1セット4枚入りで1375円（税込）です。

グラスマスクのプレスリリースをマスコミへ渡していく戦略は、レインポップと同様に日本経済新聞社の記者だけに先にプレスリリースを渡すことで、まずは日経本紙や日経MJでの掲載、そして、そこからのテレビ番組への波及を狙いました。

この頃は、コロナ禍で様々なマスクが発売され出した時期で、一刻も早いメディアでの取り上げが期待されました。

発売（8月3日）前の7月17日に日経の記者にお会いし、プレスリリースを渡して1週間後の7月24日までの記事化をお願いしました。

しかし、残念ながら7月24日になっても記事化は叶いませんでした。

「グラスマスク」

発売まで時間がないので、プレスリリースを一斉に送付し、狙いとしているテレビ番組には（コロナ禍でテレビ局には入れない状況でしたので）番組担当者に電話をかけて商品の説明を行っていきました。

リリース送付直後にいくつかのウェブメディアで扱ってもらい、発売後には日本テレビ「ｎｅｗｓ　ｅｖｅｒｙ．」の取材が入り、8

月11日に取り上げてもらいました。

その後、8月21日の日経MJでも取り上げてもらいました。その効果もあってか、9月2日にテレビ東京「ワールドビジネスサテライト」の（斬新な商品や新技術を紹介する）コーナー「トレンドたまご」でも取り上げてもらえました。

Amazonでの発売から1ヶ月で累計販売数1万7500セット7万枚を突破。「news every.」や「ワールドビジネスサテライト」の放送があった直後1時間でそれぞれ700セット超を売上げ、Amazonドラッグストア部門新着ランキング1位を獲得しました。

マスコミに取り上げられ、売上が伸びたこともあり、ハンズ、LOFTなどの生活雑貨店をはじめ、メガネショップやドラッグストアなど、店頭販売チャネルも拡大。

発売から3ヶ月後には、アイウエアブランド「JINS」とのコラボレーションモデルの発売に至りました。

終

終章

まず「マスコミ回り」は何からはじめれば良い？

プレスリリースを書く

第3章で「マスコミに取り上げられる6つの手順」をご説明しましたが、マスコミへの訪問「マスコミ回り」は何から始めれば良いかをお伝えいたします。

まずは、第3章「マスコミに取り上げられる6つの手順」のおさらいです。

① ニュースネタを探す&つくる
② プレスリリースをつくる
③ プレスリリースを送るリストをつくる
④ プレスリリースを送る
⑤ マスコミに電話でアポを取る
⑥ 社長が会いに行く

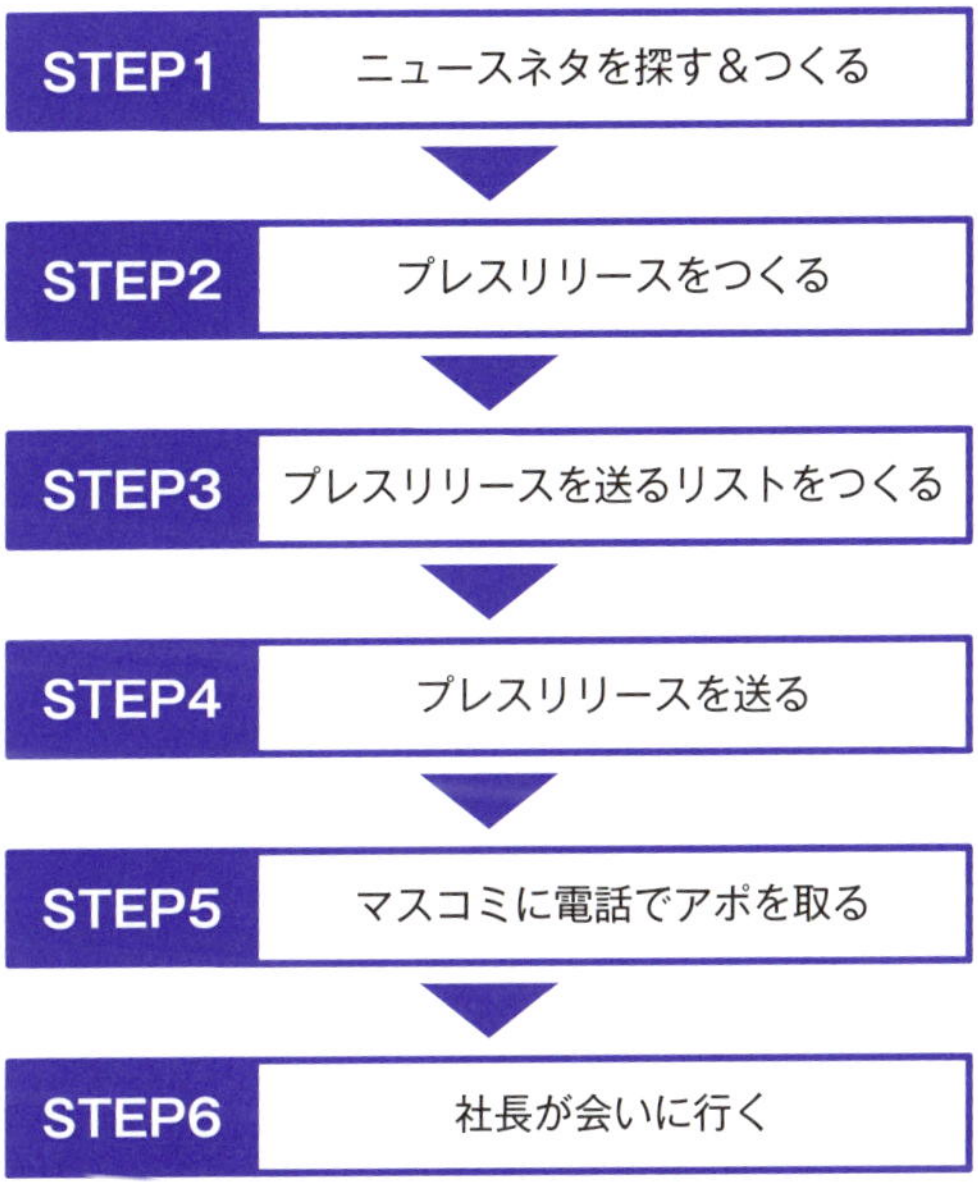

まずは、①と②の「ニュースネタを探す」または「ニュースネタをつくって」プレスリリースを書くことです。

どういうことが「ニュース」になるのかは、普段からマスコミを見ていないと判断が難しいですが、プレスリリースを書こうとしていれば、ニュースネタを探そうという意識が常に働きます。

また、あなたの書いたプレスリリースを周囲の人が見て、ニュースネタを提供してくれるようになることもあります。

そして、あなたが書いたプレスリリースがマスコミに取り上げられれば、結果を出したあなたのところに再び「ニュースネタ」が集まってくるようになります。

最初にあたるのは業界紙？

プレスリリースを書いた後は、③④⑤⑥の「プレスリリースを送るリストをつくってリリースを送り、電話でアポを取り、マスコミに会いに行く」ことです。

では、最初にプレスリリースを持って会いに行くべきメディアは、テレビ、大手新聞、業界新聞、雑誌のうち、どれでしょうか？

これは、ニュースネタのニュース性によって違ってきます。

1．まず、「ニュース性が高い」ネタの場合です。

本書では、「大手新聞や通信社、テレビにいくつも取り上げてもらえそうな場合」を「ニュース性が高い」と表現することにします。

この場合は、まずは大手新聞、通信社とテレビにあたります。

「ニュース性が高い」ネタの場合は、世間への影響力を考えて「大手新聞」「通信社」と「テレビ」を優先して先にあたります。この場合、大手新聞、通信社、テレビ、いずれもすぐにそのネタを扱いたいと考えていますので、プレスリリースの送信後（記者クラブでの資料配布後）にタイムラグができないよう2～3時間のうちに電話であたれると良いでしょう。

もしも時間や予算があれば、記者発表会を行うのも良いです。多くのマスコミに同タイミングで説明することができますので、より詳しく正確にニュースネタを伝えられます。

記者発表会は、出席したマスコミに同時に直接説明できますので、もし行うのであれば、大手新聞、通信社、テレビ、業界新聞、雑誌、ネットニュースなど可能性のある全てのマスコミに案内状を送って電話するのが望ましいです。

ただし、案内状を送って電話する際に注意しなければいけないことがあります。それは、**「記者発表会で発表する内容の全てを話してはいけない」ということです**。特に新聞記者は、電話で内容を聞いて事前に記事を書こうとする場合がありますので、案内状にどこまで情報を出すかは、慎重に考える必要があります。その情報だけでは記事に書けないですが、ニュース性の高さが伝わるギリギリが理想です。

2．次に「ニュース性が普通、高くない」場合です。

「大手新聞、通信社やテレビでは、取り上げてもらえる可能性が低そうだが、日経MJや日経産業新聞、日本経済新聞、日刊工業新聞には、取り上げてもらえるかもしれない場合」を「ニュース性が普通、高くない」とします。

この場合、まずは、日本経済新聞社か日刊工業新聞社のどちらかの記者にだけ先にあたります。

まずは、日経MJや日経産業新聞、日本経済新聞、日刊工業新聞のいずれかで記事にしてもらうことで、その他のマスコミへの波及を狙います。

記事にしてもらった当日に、その他のマスコミへもプレスリリースを送信します。

その後、テレビ、業界新聞と可能性のありそうなネットメディアなどのマスコミにあたります。電話するか、または直接会いに行きます。

テレビにあたるかどうかは、「そのネタがテレビで扱ってもらえそうかどうか」を過去のニュースやコーナーを見て判断します。

可能性があるかどうかは、そのマスコミの過去の放送や記事を見ることで、傾向が分かり予想できるようになるので、感覚を磨いていきましょう。

3．次に「ニュース性が低い」場合です。

「日経MJや日経産業新聞、日本経済新聞、日刊工業新聞に取り上げてもらえそうにない場合」を「ニュース性が低い」とします。

この場合は、まずはプレスリリースを一斉に配信して、その後、可能性のありそうな業界新聞とネットニュースにあたります。

電話だけよりも記者や編集者に直接会って説明する方が取り上げてもらえる可能性が高くなりますので、なるべく直接会って説明するようにしましょう。

「プレスリリースの発表方法と最初にあたるマスコミ」

リリースネタのニュース性の高さ	発表（公表）方法	最初にあたるマスコミ	割合（イメージ）
極めて高い	記者発表会	大手新聞とテレビ	0.10%
高い	一斉送信	大手新聞とテレビ	0.90%
普通、高くない	日経or日刊工だけに先に渡す ↓ 記事掲載後、一斉送信	日経 or 日刊工→テレビ または 日経 or 日刊工→業界紙やネット	10%
低い	一斉送信	業界紙やネット	89%

4．まとめ

最初にプレスリリースを持って会いに行くマスコミをどこにするかは、ニュース性によって変わります。

しかし、大手新聞やテレビで取り上げてもらえそうなニュース性の高いネタは実際のところあまりなく、感覚的には弊社に相談を頂く全ての案件（ネタ）の1％ほどです。

残りの99％のうち、10％は日本経済新聞社または日刊工業新聞社の記者だけに先にあたり、その後、テレビ、業界新聞、ネットにあたるような案件です。そして残りの89％は、プレスリリースを一斉送信した後に、業界紙やネットニュースにあたるような案件です。

ネットメディア、新聞、テレビ、どの順番で攻略すればいい？

それぞれのマスコミの特性一覧　ネットメディア　新聞　テレビ

では、ネットメディア、新聞、雑誌、テレビ、どの順番で攻略すればいいのでしょうか？

大手新聞やテレビで取り上げてもらえそうな「ニュース性の高いネタ」を持っているならば、もちろん、まずは全国紙（朝日新聞、読売新聞、毎日新聞など）やテレビ番組を攻略していくことになります。

ただし、先ほど述べたとおり、そのようなニュース性の高いネタは、イメージ的には1％ほどしかなく、**多くの企業の場合は、まずは業界新聞を攻略していくことになります**。

なぜなら、業界新聞は取り上げてもらえる可能性が高く、直接会って説明できる場合も多いからです。

「攻略していくマスコミの順番」

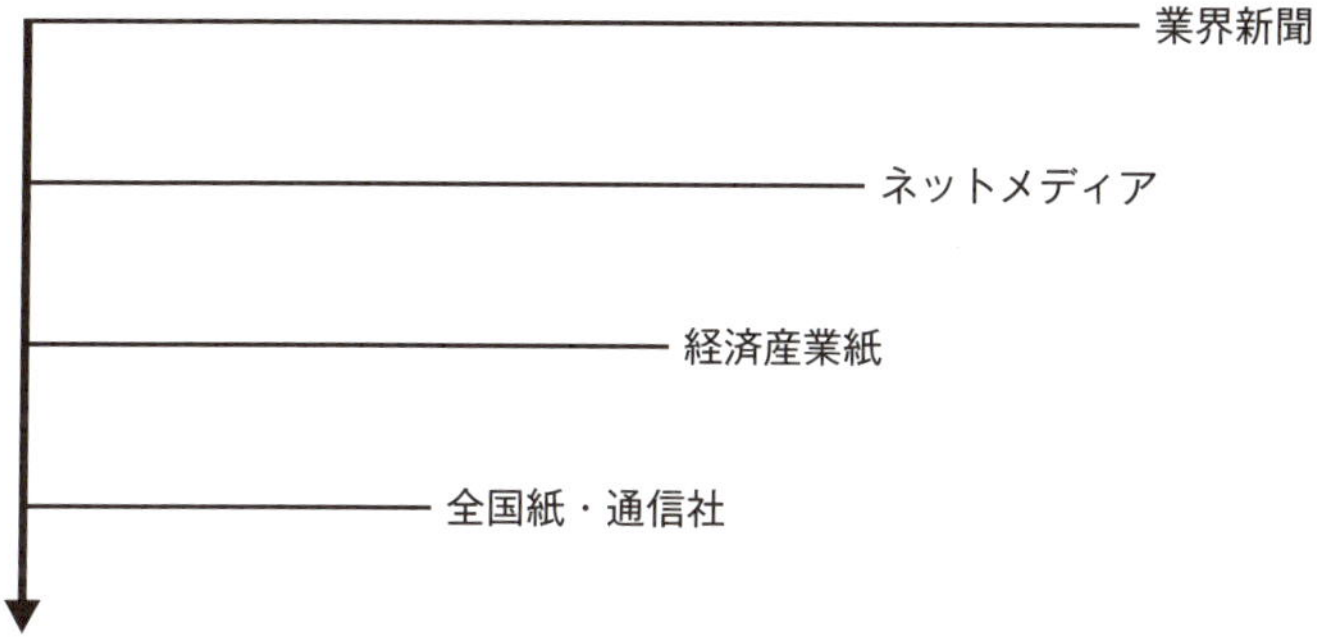

まずは、マスコミに慣れるためにも業界新聞がオススメです。

業界新聞は、大手新聞と比べ発行部数が少なく、読者もほとんど業界の人だけです。そのため、業界内の影響力は高い傾向にあります。また、**業界新聞はネットメディアを運営している場合もあり、取り上げてもらった記事はネットメディアでも掲載してもらえる可能性があります。**

そして、ネットメディアによっては、ヤフーニュースにそのまま記事が転載されます。

例えば、鉄鋼新聞、電波新聞、日刊産業新聞、日刊自動車新聞、日本海事新聞、日本食糧新聞、日本農業新聞、福祉新聞などです（２０２３年

12月現在）。ヤフーニュースのトップ画面を一番下までスクロールしていくと、右下のあたりに「ニュース提供社」という表示がありますので、そこで確認してみてください。

ヤフーニュースに記事が転載されると、業界の人以外にも広くニュースが伝わりますので、影響力も大きくなります。

業界新聞の次は、ネットメディアを狙いたいです。

ネットメディアは様々ありますが、その中でも業界に特化していて取り上げてもらえそうなネットメディアを狙います。

業界新聞・ネットメディアの次は、日本経済新聞、日経MJ、日経産業新聞と日刊工業新聞の経済産業紙を攻略していきたいです。

取り上げてもらえる可能性があるニュースネタがある時に、日本経済新聞社か日刊工業新聞社のどちらか1社だけに先にプレスリリースを渡す形で、記者との関係を築いていくのが定石です。とはいえ、「ニュース性の高いネタ」を持っていない限り、日経・日刊工の記者と関係を構築するのは難しいです。

そこで、**業界新聞やネットメディアの記者との付き合いを通してマスコミとの関係づくりを学びながら、日経・日刊工の記者を攻略していくのがオススメです。**

全国紙や通信社、テレビは「ニュース性の高いネタ」がある時からとなります。

以下のページで、各マスコミの特性について簡単にまとめていますので、そちらも参照しつつ、マスコミを攻略していってください。

〈全国紙〉

発行部数が多い大手新聞を全国紙と言っています。

具体的には朝日新聞、読売新聞、毎日新聞、産経新聞です。

日本経済新聞は、全国紙とする場合もありますし、経済産業紙とする場合もあります。

〈地方紙・ブロック紙〉

各県ごとにある新潟日報や徳島新聞などの新聞です。

地域によっては、朝日新聞や読売新聞などの全国紙よりも読まれております。県内のニュースに強く、支局などの取材拠点を細かく配し、大小様々な情報を細かく報じています。

ブロック紙とは、数県にわたり、発行部数の多い新聞を指しています。具体的には北海道新聞、中日新聞、西日本新聞、中国新聞のことです。

〈経済産業紙〉

産業と経済に関する情報に特化した新聞で、主に日本経済新聞、日経産業新聞、日経MJ、日刊工業新聞を経済産業紙と呼びます。

紙面は産業ごとに分けられ、それぞれの業界に割り当てられた記者が分野ごとに担当しており、産業や企業に関するニュースをきめ細かく報じています。

〈業界新聞〉

自動車、電機、食品、建設など様々な業界のニュースを専門的に報道するのが業界新聞です。

毎日発行されているものもあれば、週1回・月1回発行のものもあり、部数も様々です。全国紙や経済産業紙の記者は、異動などで担当分野が変わりますが、業界新聞の記者は、ずっと同じ業界だけを担当していますので、その業界のことを熟知しています。業界新聞は、記事を掲載した後に記者から「広告を出して欲しい」という営業を受ける場合もあります。これは、記者が広告営業も担当している場合があるからです。

〈スポーツ紙・夕刊紙〉

野球、サッカーなどのスポーツ情報や芸能、レジャーを主に扱っているのがスポーツ紙です。

日刊スポーツ、スポーツニッポン、スポーツ報知、サンケイスポーツなどがこれに当たります。

夕刊紙とは、夕刊だけの日刊ゲンダイ、東京スポーツのことです。

〈通信社〉

地方紙やテレビ、ラジオなどにニュースを提供している報道機関が通信社です。

日本では、共同通信社と時事通信社が主な通信社です。

通信社は、自社では新聞を発行しませんが、通信社の記者が原稿を書き、契約している新聞社に記事を配信すると、新聞社がその原稿の中からネタを取捨選択して新聞に掲載します。

通信社は、国内外を問わず複数の場所に取材拠点を設置し、世界をくまなく取材しています。


〈テレビ〉

ネットメディアの台頭が著しいですが、テレビの影響力は未だに強いです。

現場からのライブ映像という速報性・視覚性でテレビに勝るものはありません。特に、大事件や事故、戦争や災害、政治の分野では、テレビが強いパワーを発揮しています。


〈ネット〉

新聞社、通信社、テレビ局など、ほとんどのマスコミがネットでもニュースや情報を発信しています。

例えば、朝日新聞デジタル、日経電子版、日テレNEWS NNNなどです。

こういったマスコミ系のものとは別に、ネットを専門とする独立系のメディアもあります。

マスコミ系や独立系のネットメディアが配信しているニュースや記事をそのまま転載しているヤフーニュースやLINE NEWS、ライブドアニュースなどのポータルサイト系メディアもあります。


〈雑誌〉


ネットメディアの台頭で、雑誌の影響力は弱まりつつあります。

週刊誌、女性誌、ビジネス誌や写真週刊誌、モノ系雑誌、サッカー誌など多岐にわたります。

雑誌は、幅の広い多様なテーマとそのテーマによって絞られた読者が細分化される傾向が強まっています。

スマホやタブレットで、レイアウトはそのままで千冊以上の雑誌を月額数百円で好きなだけ読めるサービスもあります。

業界新聞	通信社	テレビ	ネット	雑誌
鉄鋼新聞 電波新聞 日本食糧新聞 日本農業新聞 など	共同通信社 時事通信社 など	おはよう日本 ZIP！ 報道ステーション WBSなど	マイナビニュース BCN ICT教育ニュース AstroArts など	日経ビジネス 週刊文春 non-no 旅行読売 など
△	◎	◎	◎～△	◎～△
○	◎	◎～△	◎～△	△
◎	△	△	◎	○
◎	△	△	◎～△	◎～△
◎	◎	△	○	◎
◎	◎	◎	◎～△	◎

「マスコミの特性一覧」

	新聞			
	全国紙	地方紙	経済産業紙	スポーツ紙
具体例	朝日新聞 読売新聞 毎日新聞 産経新聞	ブロック紙 新潟日報 徳島新聞 北海道新聞 中日新聞 など	日本経済新聞 日経MJ 日経産業新聞 日刊工業新聞 など	夕刊紙 日刊スポーツ スポーツニッポン サンケイスポーツ スポーツ報知 など
影響力	◎	◎	○	○
速報性	◎	◎	◎	◎
取り上げてもらえる可能性	△	△	○	△
BtoBネタ	△	△	◎	△
情報量	◎	◎	◎	◎
信頼性	◎	◎	◎	◎

おわりに

「ＰＲ会社ってどんな仕事をしてるの？」「ＰＲ会社って広告代理店？」

29年前、私が新卒でこの業界で働き出した時から現在に至るまで、ずっと聞かれ続けてきたことです。

私の会社に頂くお仕事の９割が「マスコミに情報提供をして、お金を支払わずに無料で記事や番組で取り上げてもらうこと」＝「パブリシティ」に関するお仕事なのですが、ＰＲに関わるお仕事をされている方以外には、未だに「ＰＲ会社」のお仕事は知られていない気がします。

その理由の一番は「ＰＲ」会社の「ＰＲ」の意味が「Public Relations」の略だからだと思います。

２０２３年6月に、日本広報学会では、次のような「広報」＝「Public Relations」の定義を発表しました。

その定義は「組織や個人が、目的達成や課題解決のために、多様なステークホルダーとの双方向コミュニケーションによって、社会的に望ましい関係を構築・維持する経営機能である。」というものです（『広報の定義と解説』〈日本広報学会 新たな広報概念の定義プロジェクト〉参照）。

この「Public Relations」の定義が広い概念であるため、ＰＲ会社がその一部分である「パブリシティ」を主に行っている会社だと言いにくい状況がある気がします。また、「広い概念を謳っていた方が様々な仕事を受注できる」とＰＲ会社が考えている、というのもあるかもしれません。

本書では、ＰＲ会社の仕事の大部分を占めるにもかかわらず未だにあまり世の中に知られていない「パブリシティ」について、できるだけわかりやすく・深堀りしてご説明させていただきました。本書を手に取ってくださった、ひとりでも多くの方に、マスコミに取り上げてもらった時のワクワクと感動を味わってもらえましたら、幸いです。

結びになりますが、本書の企画・執筆にあたりご指導・ご協力くださった全ての皆様に謝辞を述べさせてください。

私の拙い文章を修正し、図を作成してわかりやすい書籍に仕上げ、1冊でも多く読者に届ける努力をして頂いた自由国民社編集部の伊藤宗哲さん。

出版の機会をつくって頂いたネクストサービス株式会社の松尾昭仁さんや大沢治子さん、内田晋平さんをはじめ、先輩・同期のみなさん。

これまでの私のPR人生でお仕事を教えて頂いた、先輩や同期、後輩の皆様とマスコミの方々とお客様。

私の執筆をあたたかく見守ってくださった弊社社員のみなさん。

休日に一緒にサッカーをしたいのに、喫茶店に抜け出しての執筆を許してくれた娘と息子。

嫌な顔を少しも見せず、いつも献身的に私を支えてくれている妻。

心より感謝申し上げます。本当にありがとうございました。


最後になりましたが、本書を手に取ってくれたあなたにも心から感謝を申し上げます。私に少しでも興味を持ってくださったなら、本書の感想など送って頂けたら嬉しいです。

〈info@prabe.jp〉までご連絡ください。

多少時間はかかるかもしれませんが、お返事させて頂きます。

プレイブ株式会社　代表取締役　阿部　重郎

〈参考文献〉

日高広太郎『BtoB広報 最強の攻略術』（すばる舎）
中島史朗『広告費ゼロ！プレスリリースを活用して勝手に売れていく必勝方程式』（同友館）
下矢一良『タダで、何度も、テレビに出る！小さな会社のＰＲ戦略』（同文舘出版）
山見博康『すぐ　よく　わかる　絵解き広報』（同友館）
上岡正明『現場のプロが教える 即戦力をつくる広報ＰＲの教科書』（すばる舎）
小俣一平『新聞・テレビは信頼を取り戻せるか』（平凡社）
篠崎良一『実戦企業広報マニュアル』（ジェイ・インターナショナル）
『週刊ダイヤモンド』（２０１３年5月25日号）（ダイヤモンド社）

著者プロフィール

阿部 重郎（あべ しげお）

- 広報・PRアドバイザー
- お客様をテレビ、新聞、ネットニュースなどのマスコミに無料で取材させる専門家
- PR会社「プレイブ株式会社」代表取締役

1972年生まれ。新潟県出身。

新卒で当時業界３位の（株）オズマピーアールに入社。３年後に、当時業界２位の共同ピーアール（株）へ転職。大手PR会社２社で計12年経験を積む。

2007年、「もっと気軽に広報活動を～オモシロイ！をあふれさせよう」をミッションに広報・PRアドバイザーとして独立。


PR業界一筋29年。

自身が関わった記者発表会は200回以上、執筆したプレスリリースは1,000本以上。これまでの顧客は、本田技研工業、住友ゴム工業、明治、りそな銀行など500社を超える。

PRのススメ
―小さな会社こそ、社長が広報をしよう

2025年1月20日　初版第1刷発行

著者　阿部 重郎（あべ しげお）

カバー　小口 翔平＋後藤 司（tobufune）
本文デザイン&DTP　西巻 直美＋西條 百香（株式会社明昌堂）

発行者　石井 悟
発行所　株式会社自由国民社
〒171-0033　東京都豊島区高田３丁目10番11号
電話　03-6233-0781（代表）
https://www.jiyu.co.jp/

印刷所　奥村印刷株式会社
製本所　新風製本株式会社
企画協力　松尾 昭仁（ネクストサービス株式会社）
編集担当　伊藤 宗哲